Pflege
MANAGEMENT

Susanne Vathke

Mitarbeiterführung in der Altenpflege

Rituale & Strategien für Ihren Führungsalltag

Warum Sie nur 2 x 30 Min. pro Tag brauchen

schlütersche

Susanne Vathke ist Trainerin und Coach für werteorientiertes Führen in Unternehmen der Altenpflege, sozialen Einrichtungen, Wirtschaftsunternehmen und im öffentlichen Dienst.

»Gute Führung kostet Zeit –
aber wesentlich weniger als Sie denken!«

SUSANNE VATHKE

Bibliografische Information der Deutschen Nationalbibliothek
Die Deutsche Nationalbibliothek verzeichnet diese Publikation in der Deutschen Nationalbibliografie; detaillierte bibliografische Daten sind im Internet über http://dnb.de abrufbar.

ISBN 978-3-89993-995-8 (Print)
ISBN 978-3-8426-8989-3 (PDF)
ISBN 978-3-8426-8990-9 (EPUB)

Hans-Böckler-Allee 7, 30173 Hannover
www.schluetersche.de

Titelbild: NAWAWI - stock.adobe.com
Covergestaltung und Reihenlayout: Lichten, Hamburg
Satz: Sandra Knauer Satz · Layout · Service, Garbsen
Druck und Bindung: Hubert & Co. GmbH & Co. KG BuchPartner, Göttingen

Inhalt

Einleitung

Ein Buch über Führung? Schon wieder ein neues. Ganze Bücherregale sind voll davon. Warum also noch eines? Meine Antwort darauf: Weil sich die Führungsarbeit – auch in der Altenpflege – verändert!

Es geht in der Mitarbeiterführung natürlich immer noch darum,

- Orientierung zu geben,
- zu steuern und zu kontrollieren,
- Aufgaben zu delegieren,
- Mitarbeiter zu informieren,
- Beziehungsqualität zu gestalten und
- Mitarbeiterinnen und Mitarbeiter weiter zu entwickeln.

Diese Basis-Aufgaben haben Bestand. Aber die Arbeitswelt ändert sich. Immer weniger Fachkräfte, immer mehr Digitalisierung, immer schnelleres Tempo. Diese Tatsachen beeinflussen auch Ihre Führungsarbeit in der Altenpflege. Ich registriere in meinen Seminaren den immer größer werdenden Druck, dem meine Teilnehmerinnen und Teilnehmer unterworfen sind.

Übung

Werfen Sie einen Blick auf die Veränderung und urteilen Sie selbst: Wie lange sind Sie in der Altenpflege tätig? Drei, fünf oder zehn Jahre? Länger? Was hat sich seit Ende Ihrer Ausbildung verändert?

Wenn ich Führungskräfte in der Altenpflege in meinen Seminaren einen Blick in die Vergangenheit werfen lasse, werden die großen Veränderungsprozesse sehr deutlich, die die Pflegeeinrichtungen durchlaufen haben. Ich frage dabei bewusst nach positiven Veränderungen und setze meine Teilnehmer in Erstaunen, wie schwer es doch ist, diese positiven Aspekte im Rückblick zu benennen.

Positiv lässt sich Folgendes sagen:

- Die medizinische, fachliche Qualität der Altenpflege hat sich in den letzten 30 Jahren sehr gesteigert und professionalisiert.
  - Stichworte sind hier Case Management, Hygiene- und Wundversorgung, medizinische Forschung und Erkenntnisse über Demenzerkrankungen und das Qualitätsmanagement.
  - Die Bewohner werden eindeutig fachlich besser versorgt.
- Es gibt eine kontinuierliche fachliche Verbesserung des Personals. Das Angebot von Fort- und Weiterbildungsmaßnahmen wächst und wird angenommen.

- Diese Veränderungsprozesse zielen auf Qualitätsverbesserungen für die Bewohner.
  - Die Altenpflege ist auch ein Wirtschaftsfaktor mit großer Zukunft. Deshalb werden Qualitätsverbesserungen alle Bereiche der Pflege beeinflussen.
- Pflegeeinrichtungen sind für Investoren attraktiv, und damit entsteht ein wirtschaftliches Potenzial.
- BWL-Kenntnisse und Belegungsmanagement sind somit keine Fremdworte für stationäre Einrichtungsleitungen mehr.
- Die Pflegereformen bedingen eine ständige, konsequente Kontrolle der Pflegegrade zur Erlössicherung.

Doch diese Veränderungen haben auch ihren Preis:
- Die Führungsarbeit ist komplexer geworden.
- Die Zahl der Mitarbeiter sinkt.
- Arbeitsdichte, Zeitdruck und die Ansprüche der Kunden (Angehörige und Bewohner) sind enorm gestiegen.
- Die Personaldecke ist dünn, Bewerber sind rar und mehr Hilfskräfte im Einsatz.
- Die Mitarbeiter brauchen ständige Fort- und Weiterentwicklungen, um auf dem aktuellen Stand des Wissens zu sein.

Kurzum: Wenn Sie als Führungskraft hier mitgehen wollen, dürfen Sie Ihr eigenes Handeln anpassen. Sie sollten sich Ihrer eigenen Werte bewusst sein, um den Kern Ihrer Profession zu wahren und die Faszination wachzuhalten. Aber Sie müssen Ihre Einrichtung, Ihren Wohnbereich auch gleichzeitig steuern, kontrollieren und ergebnisorientiert führen. Und bedenken Sie auch: Bei aller Kritik fasziniert die Altenpflege durch ihre Vielfalt – durch die Kombination aus der Zusammenarbeit mit Menschen, dem dafür nötigen medizinischen Wissen und der sozialen Kompetenz. Diese Faszination kann unter Zeitdruck leicht verloren gehen. Dabei könnte Sie Ihnen Kraft geben und Sie stärken.

Damit sind wir beim Thema dieses Buches! »Wie viel Zeit muss ich mir für Führung nehmen?« Das ist eine häufig gestellte Frage meiner Teilnehmer. Meine Antwort darauf lautet: 2 x 30 Minuten pro Tag! Davon gehören 30 Minuten pro Tag Ihnen, Ihrer Selbstführung. In den weiteren 30 Minuten wenden Sie sich konzentriert Ihren Mitarbeitern zu. So sorgen Sie Sie als Pflege- und Wohnbereichsleitung im Trubel der Veränderungsprozesse gut für sich und ihre Mitarbeiter und erfüllen gleichzeitig Ihre Führungsaufgaben – in einem Tagesablauf, der eigentlich kaum Zeit kostet.

Wie das funktioniert, zeige ich Ihnen in diesem Buch. Ich erläutere Ihnen, wie Sie die Führungsarbeit aufs Essenzielle komprimieren. Sie erhalten Anregungen,
- die Ihre knappen Zeitressourcen berücksichtigen,
- die Ihnen zeigen, wie Sie das Spannungsfeld zwischen fachlichen Anforderungen und Führungsanspruch verträglich gestalten.

Denn die Altenpflege bleibt ein Spannungsfeld. Das werde und will ich nicht auflösen. Sie haben einen spannenden Beruf gewählt und er soll und wird reizvoll bleiben. Ich möchte Ihnen aber Ihre Existenz innerhalb des Spannungsfeldes erleichtern. Es geht um Sie, um Ihre Freude am Beruf, um die Erhaltung Ihrer Lebensqualität.

Auf mehreren Wegen lade ich Sie ein, Ihre Führungsrolle neu zu erleben:
1. mit Reflexionsaufgaben (– die erste Reflexion haben Sie bereits gemacht, wenn Sie sich mittels der vorab genannten Übung an Veränderungen in der Vergangenheit erinnert haben)
2. mit praktischen Anleitungen und Übungen
3. mit Checklisten, die es Ihnen leichter machen, in der Umsetzung an alles zu denken
4. mit Erfahrungsberichten von Teilnehmern meiner Seminare (WBL und PDL)
5. mit kurzen Gesprächsleitfäden, die Ihnen die Vorbereitung auf wichtige Mitarbeitergespräche erleichtern und dabei helfen, Zeit zu sparen

Führung ist kontextabhängig. Sie sind nicht allein unterwegs, sondern bewegen sich in Abhängigkeiten, sind als Führungskraft in ein System, eine Organisation, eine Einrichtung eingebunden und stehen in einer Hierarchie. Sie sind Teil eines komplexen Systems. Genau das setzt der Optimierung Ihres Denkens, Verhaltens und Handelns gewisse Grenzen. Sie müssen strukturelle Dynamiken meistern und Grenzen setzen. Sie werden lernen, »Nein« zu sagen und über Ihr eigenes individuelles Tun hinausblicken.

Tatsächlich soll Ihr Blick so weit reichen, dass Sie sogar die gesellschaftspolitische Relevanz Ihres Tuns in der Pflege erkennen können.

Ganz konkret heißt das, Sie werden lernen,
- wie Sie pragmatisch und lösungsorientiert im Führungsalltag handeln,
- wie Sie wertschätzend führen,
- wie Sie sich selbst immer im Blick behalten,
- wie Sie den Blick aufs Ganze richten können,
- wie Sie mutig konkrete Handlungsschritte definieren.

Wichtig **Wie viel Zeit für Führung?**

Lernen Sie, wie Sie gezielte 30 Minuten Zeit für Mitarbeiter investieren und ebenso gezielt 30 Minuten Zeit für sich selbst als Führungskraft investieren.
→ 2 x 30 Minuten für die Führung reichen aus. Jeden Tag!

1 Führen in der Pflege: (keine?) Zeit, (keinen?) Plan und (keinen?) Erfolg

Fragen Sie sich auch manchmal: »Was mache ich hier eigentlich?« – »Macht das, was ich tue überhaupt noch Sinn?« Sind Sie vielleicht auch unter ganz anderen Rahmenbedingungen in diesen Beruf gegangen? Der Beruf, die Anforderungen, die gesamte gesellschaftliche Entwicklung, haben Wege genommen, die nicht vorhersehbar waren. Wer vor zehn Jahren und mehr in die Altenpflege ging, fand sich in einer ganz anderen Welt. Ihre Mitarbeiter dürften gelegentlich ebenso verwirrt sein. Von Ihnen als Führungskraft wird aber erwartet, dass Sie sich diesen Veränderungen stellen und Ihre Mitarbeiter mit klarem Kurs führen und motivieren.

In meinen PDL-Seminaren spiegeln sich die Veränderungen der Altenpflege in drei Segmenten wider (▸ Tab. 1):

1. im eigenen Unternehmen
2. bei den Mitarbeitern
3. bei den Führungskräften selbst

Jeder Mensch braucht einen inneren Kompass, der ihn gerade in den hektischen Zeiten immer wieder an dem ausrichtet, was ihm wirklich wichtig ist, was sinnvoll erscheint und ihm Halt gibt.

Das leitet über zu der Frage, welchen Sinn Sie der Arbeit geben und welche Einstellung Sie zu Menschen haben? Die Rahmenbedingungen und Ihr Umfeld mögen sich rapide verändern. Der Sinn Ihrer Aufgabe nicht.

Nach wie vor kommt es darauf an, wie Menschen miteinander umgehen. Von diesem Umgang miteinander werden die Wertsteigerung der Unternehmen und die Lebensqualität aller Beteiligten abhängig sein. Als Führungskraft ist es auch Ihre Aufgabe, dieses Miteinander zu gestalten, Werte und Nutzen für alle zu schaffen.

Es geht immer um beides:

1. den ökonomischen Wohlstand und Wachstum für das Unternehmen und
2. die Lebensqualität als Grundanliegen der Menschen im Unternehmen.

Tab. 1: Veränderungen in der Altenpflege aus unterschiedliche Perspektiven

Perspektive des eigenen Unternehmens	Perspektive der Mitarbeiter	Perspektive der eigenen Führungsrolle
Veränderungen und deren Nutzen: • Häufig kommen in Pflegeorganisationen Veränderungen (Umstrukturierungen, Aufkäufe, Fusionen) auf Führungskräfte zu, deren Sinn schwer nachvollziehbar ist.	Personalsituation: • Personalmangel • Mitarbeiter, die sich an die deutschen Sprache und Kultur noch nicht gewöhnt haben.	Selbstmotivation • Stetige Veränderungen und Arbeitsüberlastung nagen an der eigenen Motivation.
neue Systeme: • Digitalisierung: Mitarbeitern und Führungskräften machen die immer wieder neuen IT-Systeme schwer zu schaffen, weil die Einarbeitung Zeit kostet und Systeme in den Erprobungsphasen noch nicht richtig beherrscht werden bzw. funktionieren	Motivation: • Personalengpässe und wachsende Arbeitsdichte nagen an der Motivation – sowohl der Mitarbeiter wie auch der Führungskräfte.	Umgang mit (Zeit-)Druck: • Für die Mitarbeiter, für Führungsaufgaben und auch für die Bewohner bleibt wenig Zeit.
neue Gesetze: • Auf neue gesetzliche Vorgaben und Regelungen muss entsprechend reagiert werden.	Engpässe innerhalb des Teams: • steigender Krankenstand aufgrund anstrengender körperlicher und psychischer Arbeit	Angst vor Scheitern: • Als Führungskraft in der Pflege trage ich hohe Verantwortung für die Einrichtung, die Bewohner und Mitarbeiter. • Meine Arbeit wird in der Qualität kontinuierlich gemessen und überprüft. • Der Qualitätsstandard ist gewünscht und erforderlich, die Fehlertoleranz in bestimmten Themen gering. • Mit den Anforderungen kommt auch die Angst vor Fehlern auf.

Im Führungsalltag bedeutet das eine Sowohl-als-auch-Strategie zwischen Ökonomie und Humanität. Um dabei nicht ins Schwanken zu kommen, brauchen Sie Orientierung – einen Kompass. Dieser Kompass besteht aus Ihren inneren Werten und Ihrem Bild, das Sie sich von den Menschen machen.

1.1 Ihre Werte

Wir alle haben innere Leitlinien – unsere Werte. Das sind Dinge, die uns wichtig sind, beruflich wie privat. Sie helfen uns in schwierigen Situationen, eine Entscheidung zu treffen. Denn sie geben uns vor, was wir schützen, wahren oder vermeiden wollen.

Definition **Werte**

Werte sind Orientierungs- und Entscheidungshilfen im Leben eines Menschen. Es sind Verhaltensweisen, Eigenschaften, Handlungen, die einem wichtig und erstrebenswert sind.

Unsere Werte (bewusst oder unbewusst) erklären auch so manche emotionale Reaktion. Werden unsere Werte verletzt, sehen wir sie in Gefahr, reagieren wir emotional. Kommt etwa ein Mitarbeiter regelmäßig zu spät zum Dienst und zuckt nur mit den Achseln, wenn Sie ihn darauf ansprechen, reagieren Sie möglicherweise darauf höchst emotional. Ihre Werte »Zuverlässigkeit« und »Pünktlichkeit« werden von diesem Mitarbeiter so dermaßen missachtet, dass Sie vielleicht ärgerlich, genervt, ungehalten oder wütend reagieren.

Die eigenen Werte zu kennen, erhöht nicht nur Ihr eigenes Verständnis für sich und Ihre Reaktionen, sondern Ihre Mitarbeiter können Sie auch besser einschätzen. Sie wirken authentisch, wenn Sie im Rahmen Ihrer Werte handeln. Genug positive Aspekte also, um sich einmal die eigenen Werte zu verdeutlichen.

Die Vorteile:

- Sie verstehen Ihre emotionale Empörung besser.
- Sie erkennen Ihren inneren Kompass, der Sie leitet.
- Sie bleiben in schwierigen Zeiten und unter hohem Arbeitsdruck integer und handeln Ihren Überzeugungen entsprechend.
- Es fällt Ihnen leichter, im Alltag Prioritäten zu setzen, da Sie wissen, was Ihnen wichtig ist.
- Bei komplexen Entscheidungen sollten sich Ihre eigenen Werte mit der Entscheidung verbinden lassen.
- Sie können sich als Führungskraft klar positionieren.

Vielen Menschen fällt es schwer, ihre persönlichen Werte ad hoc zu formulieren. Was würden Sie spontan sagen, wenn Sie jemand nach Ihren zehn wichtigsten Werten fragt? Schauen Sie sich die Beispiele in der folgenden Übung einmal an und treffen Sie eine Auswahl.

Übung 1

Meine Werte

Die folgende Liste besteht aus sehr unterschiedlichen Werten. Lesen Sie sich diese in Ruhe durch. Wann immer Ihnen ein Wert auffällt, der Ihnen besonders wichtig erscheint, markieren Sie ihn.
Gibt es Werte, die Ihnen fehlen? Bitte ergänzen Sie die Liste entsprechend.

- □ Achtsamkeit
- □ Aktivität
- □ Akzeptanz
- □ Anständigkeit
- □ Aufrichtigkeit
- □ Ausgeglichenheit
- □ Authentizität
- □ Begeisterung
- □ Beharrlichkeit
- □ Beliebtheit
- □ Bescheidenheit
- □ Besonnenheit
- □ Dankbarkeit
- □ Demut
- □ Ehrlichkeit
- □ Einfühlungsvermögen
- □ Einsatzbereitschaft
- □ Entschlossenheit
- □ Fairness
- □ Fleiß
- □ Flexibilität
- □ Freiheit
- □ Geduld
- □ Gelassenheit
- □ Genauigkeit
- □ Geselligkeit
- □ Gesundheit
- □ Genuss
- □ Gerechtigkeit
- □ Gewaltlosigkeit
- □ Gewissenhaftigkeit
- □ Glaubwürdigkeit
- □ Großzügigkeit
- □ Güte
- □ Harmonie
- □ Hilfsbereitschaft
- □ Hingabe
- □ Hoffnung
- □ Humor
- □ Herzlichkeit
- □ Idealismus
- □ Inspiration
- □ Integrität
- □ Intuition
- □ Klugheit
- □ Lebendigkeit
- □ Leistung
- □ Leichtigkeit
- □ Liebe
- □ Loslassen
- □ Loyalität
- □ Mäßigkeit
- □ Mitgefühl
- □ Mut
- □ Nachhaltigkeit
- □ Offenheit
- □ Ordnung
- □ Kollegialität
- □ Pflichtgefühl
- □ Respekt
- □ Rücksichtnahme
- □ Selbstdisziplin
- □ Spaß
- □ Spiritualität
- □ Sicherheit
- □ Solidarität
- □ Sparsamkeit
- □ Standfestigkeit
- □ Teilen
- □ Toleranz
- □ Unabhängigkeit
- □ Verantwortung
- □ Verlässlichkeit
- □ Vertrauen
- □ Weisheit
- □ Weitsicht
- □ Würde
- □ ____________________
- □ ____________________
- □ ____________________
- □ ____________________

Wählen Sie nun aus den markierten Begriffen die für Sie zehn wichtigsten Werte aus und versuchen Sie eine Olympiade zu erstellen. Gibt es einen Sieger-Wert? Vielleicht beobachten Sie sich einmal im Alltag. Wir reagieren höchst empfindlich, wenn unsere Werte verletzt werden …

Warum sind Werte so wichtig? Als Führungskraft in der Pflege sind Sie von vielseitiger Komplexität umgeben. Die Pflege-Welt hat sich in den letzten zehn bis 15 Jahren sehr stark verändert. Sie sind in einer Position, in der Sie vielen Erwartungen und Ansprüchen ausgesetzt sind (▸ Kap. 1.4.3).

Zur Verdeutlichung füge ich hier einen Vergleich ein: Wenn wir das Leben früherer Jahrhunderte mit unserem heutigen betrachten, wird uns sofort deutlich, wie groß der Unterschied ist. Wenn Sie eine mittelalterliche Stadt betreten, können Sie sich gut orientieren: Der Kirchturm dominiert den Marktplatz, flankiert vom Rathaus. Dieses Ensemble bildet ein klares Zentrum, um das sich die Straßen ringförmig nach außen erstrecken. Vielleicht gibt es sogar noch Stadtmauern, die die Altstadt schützend umgeben. Alle Wege führten ins geistliche und städtische Zentrum. – Heutzutage fehlt unseren Städten häufig eine solch übersichtliche Architektur. Oft gibt es kein klares Zentrum, Straßen erstrecken sich in alle Himmelsrichtungen. Ohne Stadtplan oder Navigationsgerät verlieren wir schnell die Orientierung.

Das ist im Berufsleben von Pflegenden nicht anders. Wo früher eine klare Hierarchie herrschte und Gesetze viele Jahrzehnte lang galten, ist heute alles im Umbruch: Wer hätte sich vorstellen können, dass Gesetze alle paar Jahre verändert werden? Wer hätte ahnen können, dass Vollzeit-Kräfte ein Auslaufmodell und Teilzeit-, Hilfs- und Leihkräfte fast die Norm darstellen? Wer hätte geglaubt, dass sich die Altenpflege-Ausbildung so ändert, dass man fürchten muss, keine Auszubildenden mehr zu bekommen?

Zwei Grundlagen haben aber Bestand: Pflege soll zum einen so geleistet werden, dass die Bewohner gut und qualitätsvoll versorgt und untergebracht sind. Zum anderen sollen die Mitarbeiter gut ausgebildet sein und leidenschaftlich ihrer Arbeit nachgehen.

Zudem sind die Werte in der Altenpflege die gleichen geblieben: Altenpflege ist Beziehungsarbeit, geprägt von Fachkompetenz und Menschlichkeit. In den Leitbildern der Einrichtungen ist nach wie vor die Rede davon, dass man die Menschen so annimmt, wie sie sind und ihnen Geborgenheit und Sicherheit vermittelt. Von wertschätzender Grundhaltung ist die Rede, von Selbstständigkeit der Bewohner und dem Willen, die Mitarbeiter stets und ständig fortzubilden.

Es ist also gut, von Zeit zu Zeit einen »neuen Stadtplan« zu erstellen und sich eine Orientierung zu geben: Wo will ich hin und wie komme ich an dieses Ziel? Werden mir meine Mitarbeiter auf diesem Weg folgen können und wollen?

Sie haben sich anhand der Übung Ihre Werte verdeutlicht. Diese geben Ihnen Orientierung und zeigen Ihnen den Sinn in Ihrem Tun. Können Sie diese Kernwerte, wie ich sie nenne, auch an Ihr Team weitervermitteln? Diese Werte wollen gelebt werden. Wo und wie ist das möglich? 1

Beispiel **Wenn die Wertschätzung abhandenkommt …**

Der wertschätzende und achtsame Umgang mit Bewohnern hat für Sie einen hohen Wert. Doch Sie bemerken in letzter Zeit aufgrund des hohen Arbeitsdruckes eine zunehmende Ruppigkeit Ihres Personals gegenüber den Bewohnern. Es ist noch nicht gravierend, aber Sie sind alarmiert.
In der morgendlichen Besprechung wäre eine Anweisung zum wertschätzenden Umgang mit Bewohnern fehl am Platz, denn Sie haben bisher nur eine Befürchtung, einen Eindruck, mehr nicht. Was sollten Sie also tun?

Können Sie sich vorstellen, über den Wert des achtsamen und respektvollen Umgangs mit den Mitarbeitern zu sprechen? Wie wichtig er Ihnen ist! Und über Ihre Befürchtung, dass der Wert »wertschätzender und achtsamer Umgang mit Bewohnern« aufgrund der aktuellen Arbeitssituation leidet? So könnten Sie z. B. berichten, dass Ihnen aufgefallen ist, wie Ihre Mitarbeiter ohne Gruß an einem Bewohner vorbeigehen. Genau das wollten Sie nie in Ihrer Einrichtung erleben. Und so thematisieren Sie ausgehend von Ihrer Beobachtung, wie gefährdet alle sind, die wichtigen Werte in der täglichen Hektik zu verlieren.

Werte wollen gelebt werden. Werte wollen kommuniziert werden. Auf den Werten basieren im Unternehmen letztlich die Leitbilder, die Visionen. Wobei Leitbilder oder Visionen von oberer Ebene heruntergebrochen stark an Wirkung verlieren und eher Unzufriedenheit erzeugen, wenn sie nicht gelebt werden. Möchten Sie sich und Ihrem Team einen Kompass in die Hand geben, der zeigt, wo der Weg lang geht, tun Sie es, indem Sie über das sprechen, was Ihnen allen in Ihrer alltäglichen Arbeit wichtig ist. Was Ihrer Arbeit einen Sinn gibt. Und: Leben Sie Ihre Werte vor! Das gibt Ihnen eine deutliche Motivation und Ihren Mitarbeitern Orientierung.

1.2 Ihr Menschenbild

Definition **Menschenbild**

Menschenbilder sind »*...bewusste und unbewusste verallgemeinernde Vorstellungen über Menschen und die Hintergründe ihres Verhaltens.*«*

* Steiger T, Lippmann E (Hrsg.) (2013): Handbuch angewandte Psychologie für Führungskräfte. Springer-Verlag, Berlin, Heidelberg, S. 4

Bewusste, aber auch unbewusste, verallgemeinernde Annahmen über Menschen ... das Menschenbild scheint trotzdem eine höchst individuelle Sache zu sein. Fragen Sie sich daher, was Ihre »inneren« Bilder von den Menschen ausmacht, die Sie umgeben? Was ist Ihrem Menschenbild nach ein guter Mitarbeiter, eine guter Führungskraft, was ist Ihrer Auffassung nach richtig oder falsch bei anderen Menschen? Was ist Ihr persönliches Bild vom Menschen? Wie lautet Ihre Grundüberzeugung?

Ich lade Sie ein, einmal innezuhalten und sich zu überlegen, wie Ihr Menschenbild hinsichtlich Ihrer Mitarbeiter aussieht.

Vielleicht sind Sie ja der Meinung, dass Ihre Mitarbeiter

- Intrinsisch, von innen heraus, motiviert sind, ihre Arbeit zu tun,
- sich selbst Ziele setzen und diese auch umsetzen,
- sich weiterentwickeln möchten,
- Verantwortung übernehmen wollen.

Dann sind Sie eine Führungskraft, die ihren Mitarbeitern vertraut, sich auf ihren Teamgeist verlässt und sie mit Respekt und Anteilnahme führt.

Vielleicht aber sehen Sie Ihre Mitarbeiter sehr kritisch, weil

- sie nur mühsam zu motivieren sind,
- ständig Belohnungen erwarten,
- stets streng geführt werden müssen, damit sie überhaupt arbeiten.

Dann ist Ihre Führung von Misstrauen, vielleicht sogar Verachtung und einer großen Distanz geprägt.

Unterschiedliche Führungskräfte sehen ein und denselben Mitarbeiter anders, weil sie sich eine persönliche Vorstellung von ihm und den Hintergründen seines Verhaltens machen.

Tatsächlich hat Ihr Menschenbild prägenden Charakter. Sie führen Ihre Mitarbeiter so, wie Sie sie sehen bzw. ihr Verhalten interpretieren. Ihr Menschenbild prägt Ihre Führung mehr, als Sie vielleicht sehen (wollen). Umso wichtiger ist es, dass Sie Ihr Menschenbild kennen und – vielleicht – auch hinterfragen. Heißt es nicht, dass jeder Chef irgendwann die Mitarbeiter hat, die er verdient? Der strenge Chef hätte demnach die eher unmotivierten Arbeiter, die nur widerwillig und mit viel Kontrolle ihrer Arbeit nachkommen. Der anteilnehmende Chef hätte Teams, die aus eigener Motivation heraus ihre Arbeit mit Leidenschaft tun, sich selber Ziele setzen und diese verfolgen.

Ein bisschen Hilfe in Sachen Menschenbild möchte ich Ihnen geben. Ich stelle Ihnen mein Menschenbild vor. Es ist von drei Annahmen geprägt, an die ich glaube:
1. Menschen streben nach Sinn.
2. Menschen haben einen freien Willen.
3. Menschen tragen die Verantwortung für ihr Leben.

Entstanden ist dies Menschenbild nicht aus einer theoretischen Beschäftigung, sondern in vielen Jahren der Zusammenarbeit, des Coachens und Unterstützens von Menschen, die in der Altenpflege arbeiten. Deshalb möchte ich es Ihnen nicht nur vorstellen, sondern auch erläutern, inwieweit es auch für die Auswirkungen für die Altenpflege haben kann.

zu 1.: Menschen streben nach Sinn.
Wenn das, was wir tun, einen Sinn ergibt, sind wir am stärksten motiviert. Fehlt uns dieser Sinn im Tun, kann diese Sinnlosigkeit in mentale und körperliche Krankheiten, sogar zu Lebensmüdigkeit führen. Sinn erleben wir, wenn wir unsere Werte leben können.

Jeder Mensch hat seine individuellen (oft auch unbewussten) Werte, die er leben will. Auch wenn der äußere Handlungsspielraum eingeschränkt ist, kann er durch seine innere Einstellung zu den Dingen und den Menschen Sinn finden.

Was bedeutet das im Führungsalltag für Sie? – Es ist für Ihre Zufriedenheit elementar wichtig, einen Sinn in Ihrem Tun zu sehen. Nur dann können Sie den Sinn der Arbeit auch an Ihre Mitarbeiter weitergeben. Manchmal geht der Sinn in der operativen Hektik verloren. Deshalb ist es so wichtig, dass Sie sich immer wieder den Sinn Ihres Tuns bewusst machen. So erhalten Sie Ihre eigene und die Motivation Ihrer Mitarbeiter.

Meine Überzeugung, dass wir alle nach Sinn streben, heißt, dass
- alle ein Bedürfnis haben, diesen Sinn in der Arbeit zu sehen und die Motivation zu spüren, die er erzeugt. Auch Mitarbeiter, die komplett demotiviert wirken/sind,

wollen Sinn in ihrer Arbeit sehen. Ihre Demotivation hat einen Grund. Als Führungskraft ist es auch eine Aufgabe, diesen Grund herauszufinden.

- Arbeit auch dann Sinn macht, wenn wir sie mitgestalten können. Wenn uns Handlungsspielraum gegeben ist und man uns Vertrauen entgegen bringt. Wenn Sie als Führungskraft diesen Freiraum gewähren können, stiften Sie Sinn.

zu 2.: Menschen haben einen freien Willen.
Wir haben einen freien Willen und können uns immer wieder (neu) entscheiden. Zumindest, was bestimmte Sichtweisen angeht. Jeder von uns kann immer wieder neu entscheiden, worauf er sich primär konzentriert – auf die Möglichkeiten, die sich ihm bieten oder auf die Grenzen, die ihm gesetzt werden.

Was bedeutet das im Führungsalltag für Sie? – Auch wenn die Bedingungen schwierig bis unerträglich sind, können Sie frei wählen, worauf Sie sich konzentrieren wollen. Eine sehr beeindruckende und empfehlenswerte Lektüre ist hierzu Viktor Frankls Buch »... trotzdem Ja zum Leben sagen«, in dem er beschreibt, wie es ihm unter entsetzlichen KZ-Bedingungen gelang, seinen Willen und seine Würde zu erhalten.

In Ihrem Alltag ist es der Blick auf das Mögliche, der Ihnen Freiheit gibt. Es ist die Lösungsorientierung, ohne alles schön reden zu wollen. Es ist die Konzentration auf das Wesentliche, auf das Machbare und setzt somit auch die Prioritäten.

In meinen Seminaren nutzen die Teilnehmer die Gelegenheit, sich über die harten Arbeitsbedingungen in ihren Einrichtungen auszutauschen. Dieser Austausch ist entlastend, da es allen Teilnehmern ähnlich geht. Deshalb gebe ich diesen Klagen Raum. Dennoch gibt es einen Zeitpunkt, zu dem ich die Diskussion »drehe«. Ich weise dann darauf hin, dass es in der Macht eines jeden Einzelnen liegt, das »Machbare« in der Situation zu sehen und als Führungskraft verantwortlich zu handeln.

zu 3.: Menschen tragen die Verantwortung für ihr Leben (Prinzip der Selbstverantwortung).
Jeder trägt die Verantwortung für sein Leben, für seine Entscheidungen (auch wenn sie sich als Fehler herausstellen). Ich trage die Verantwortung für mein Tun (auch wenn das morgen anders aussehen würde). Ich trage die Verantwortung für mein Denken (auch wenn die Gedanken manchmal wirr sind). Die eigene Verantwortung bewusst zu leben heißt, das Leben aktiv zu gestalten und die Verantwortung nicht auf andere zu schieben. Eigenverantwortlich zu denken und zu handeln heißt auch, für sich selber gut zu sorgen.

Was bedeutet das im Führungsalltag für Sie? – Sie sind für sich selbst verantwortlich. Menschen in der Pflege neigen oft dazu, sich vor allem für die anderen verantwortlich zu fühlen, seien es Bewohner oder Mitarbeiter. Die Gefahr dabei ist es, dass man sich selbst aus dem Blick verliert. Sich der Verantwortung für sein eigenes Leben bewusst zu sein, hilft klare Grenzen zu ziehen. Das ist Ihre erste Verantwortung. 1

Ihre Zweite lautet: Sie haben mit der Übernahme der Führungsaufgabe eine Entscheidung getroffen und sind verantwortlich dafür, wie Sie diese Aufgabe bewältigen. Sie tragen die Verantwortung für Arbeitsergebnisse bezüglich Quantität und Qualität. Sie tragen auch die Mitverantwortung, dass Ihre Mitarbeiter mit ihren Kompetenzen und Fähigkeiten diese Arbeitsergebnisse erbringen können und dabei gesund bleiben. Sie gestalten und schaffen den Rahmen, in dem gern gearbeitet wird. Sie bieten die Möglichkeit der Weiterentwicklung.

Fazit **Ein Menschenbild ist eine Basis**

Das Menschenbild bildet das Fundament Ihres Denkens und Handelns. Menschenbilder konditionieren Sie in Ihrer Interaktion. Sie gehören zu den grundlegendsten Orientierungsgrößen für Ihr Selbstverständnis und Ihre Identität. Sie definieren die zentralen Werte, die Grundlage für das Handeln bilden.

Das heißt, ein (positives) Menschenbild ist für Sie als Führungskraft die Basis, auf der Sie stehen, auf die sie sich zurückbesinnen, wenn es stürmisch wird. Denn es gilt auch, dass in der Pflege viele Menschen unterwegs sind, deren Menschenbild von wertschätzenden Annahmen geprägt ist. Das wird sicherlich auch bei Ihnen der Fall sein, sonst hätten Sie einen anderen Beruf gewählt.

Als der ehemalige Bundesgesundheitsminister Daniel Bahr die Aktion »Ich pflege, weil ...« ins Leben rief, fragte er, warum Pflegekräfte tun, was sie tun. Die Antworten – hier ein paar Beispiele – dürften Sie nicht erstaunen:

- »Ich pflege, weil ich alten und kranken Menschen helfen möchte; es in der Pflege nie langweilig wird oder die Menschen so etwas glücklicher werden können.«[1]
- »Ich pflege, weil mir das Wohlbefinden anderer Menschen am Herzen liegt.«[2]
- »Ich pflege, weil für mich dieser Beruf mehr als nur eine Tätigkeit bedeutet, ich sehe ihn wie eine Berufung und ein Stück Lebensweg. Meine Fürsorge und Hilfe gebe ich gerne kranken, alten und sterbenden Menschen. Dabei ist es mir sehr wichtig, die Würde zu achten.«[3]

---

1 http://www.leben-mit-parkinson.de/parkinson/aktuelles/portal-des-bmg-fuer-pflegende-ich-pflege-weil/
2 https://www.jedermann-gruppe.de/ich-pflege-weil-interview-pflegekraft-hadzia/
3 https://www.krankenpflege-tutzing.de/news_gesichter.php

Diese Aussagen erstaunen Sie nicht und Ihr Menschenbild ist davon geprägt, dass Sie Ihre Mitarbeiter als leidenschaftliche, engagierte und kompetente Menschen ansehen? Ich möchte Sie ausdrücklich ermutigen, sich das immer wieder bewusst zu machen. Auf dieser Basis sind Sie in der Lage, Beziehungen zu gestalten: zu Ihren Mitarbeitern, zu den Bewohnern und ihren Angehörigen. Beziehungen, die Wachstum, Entwicklung, Wertsteigerung und Erfolg bewirken. Menschen sind dialogische Wesen, das heißt, sie brauchen eine Atmosphäre, in der sie in diesem Bedürfnis verstanden werden, eine Atmosphäre in der sie sich wohl fühlen.

Ihr Menschenbild hat als »mentale Landkarte« Auswirkungen auf Ihren Führungsalltag und auf die gesamte Einrichtung. Die Leistungsfähigkeit einer Organisation kann nicht losgelöst von der Art und Weise verstanden werden, wie mit den Menschen, d. h. den Mitarbeitern umgegangen wird. Natürlich bezieht sich das ebenso auf den Umgang mit sich selbst. Sie stehen am Anfang des Prozesses, Ihr Bild von sich selbst, von Ihrer Aufgabe und Ihren Zielen.

Übung

Wissen Ihre Mitarbeiter eigentlich, was Sie täglich tun? Haben Sie jemals den Satz ergänzt: »Ich bin Führungskraft in der Altenpflege, weil…«? Tun Sie es jetzt!

1.3 Ihre tägliche Führungszeit

Könnten Sie Ihren Mitarbeitern genau erklären, was Sie den ganzen Tag tun? Sie sollten es können. Obwohl ich immer wieder höre, dass Mitarbeiter das wohl kaum interessieren würde, kann ich diese Ansicht nicht teilen. Im Gegenteil: Mitarbeiter, die die Aufgaben der Führungskräfte nicht kennen, stellen sich einfach vor, was Führungskräfte so den ganzen Tag machen – viel telefonieren, viel kommunizieren, viel kontrollieren ... Finden Sie sich in solchen Allgemeinplätzen wieder? Mit Sicherheit nicht. Eigentlich verbringen Sie doch den ganzen Tag damit, die Arbeit zu organisieren, die Mitarbeiter planmäßig einzusetzen, Ziele zu setzen, Ergebnisse zu kontrollieren usw. Kurzum: Sie führen!

Übung

Schreiben Sie Ihren Tagesablauf auf. Sie sehen auf einen Blick, wo Ihre Zeit bleibt. Wie ist Ihre Zeit verteilt? Was daran ist unabänderlich, wo gibt es Spielraum?

Kalenderwoche:	Datum:

1

Die drei wichtigsten To-dos des Tages

1.

2.

3.

06:00

07:00

08:00

09:00

10:00

11:00

12:00

13:00

14:00

15:00

16:00

17:00

18:00

19:00

Sehen wir uns als Beispiel einen typischen Tagesablauf der PDL Sonja Werther[4] an. Ich habe Sonja Werther als erfahrene PDL kennengelernt und sie nach ihrem Tagesablauf gefragt, weil sie auf mich klar und strukturiert wirkte. Genau das verrät auch ihr Tagesablauf.

Tab. 2: Tagesablauf Sonja Werther, KW 23, 6. Juni

Uhrzeit	Tätigkeit
08:00 09:00 10:00 11:00	mit Einrichtungsleitung: Übergabe in jedem Wohnbereich • Lücken schließen • Aufgaben aus dem Vortag regeln (Sturz > Prophylaxe) Kontrolle der Pflegedokumentation, z. B. Neueinzug: Risikoeinschätzung und Pflegeplan vorhanden? Pflegevisite planen Mitarbeiter in ihrer Pflegetätigkeit überprüfen Überblick über Neueinzüge Erste Strukturen: Pflegebedarf und Reduzierung pflegerelevanter Risiken
12:00 13:00	während der Mittagspause: Treffen und Besprechung mit Einrichtungsleitung, Themen: • Belegung • Personalsituation • Krankenstand • Vorhandene Pflegegrade • Überprüfung der Dienstpläne
14:00 15:00 16:00	verlängerte Übergabe in einem Wohnbereich Donnerstag: WBL oder Leitungsbesprechung Schulungen durch mich Protokolle schreiben vorgegebenen Qualitätsanforderungen nachkommen Kontrolle aller Bewohner zu Pflegerisiken Dienstpläne schreiben (50 Prozent aller Dienstpläne) Berechnungen zum Pflegegrad Mitarbeitergespräch: • Rückkehrgespräch oder Zielvereinbarungsgespräch Post Einzelschulungen, z. B. bei neuer Pflegedokumentation
17:00	eventuelle Bereitschaftsdienste

[4] Der Name ist frei erfunden. Jede Ähnlichkeit mit einer lebenden oder verstorbenen Person wäre rein zufällig.

Im Tagesablauf von Sonja Werther steckt die Quantität von Führungszeiten in den Übergaben, den Schulungen und Mitarbeitergesprächen. Übergabezeiten, Besprechungen, Schulungen und anlassbezogene Mitarbeitergespräche sind die Zeiten, in denen Sonja Werther führt. Nicht alle Anlässe werden jeden Tag stattfinden. Wichtig ist es, sich bewusst zu machen, dass diese Art von Führung täglich stattfindet. Wie Sie diese Zeiten nutzen, ist die große Frage.

Info
Intensive Führungszeiten sind die Zeiten, in denen Führungskräfte mit Mitarbeitern im Gespräch sind, in denen Kommunikation und Kontakt zielführend und gesteuert stattfindet, in denen das Wohl der Mitarbeiter wahrgenommen wird. Es ist die personenorientierte Zeit im Unterschied zur funktionsorientierten Zeit, in der Sie budgetieren, planen, dokumentieren.

Sollte Ihr Tagesablauf ähnlich aussehen wie der von Sonja Werther, so organisieren Sie, klären Sie, steuern Sie – kurzum, Sie führen. Dabei sind Sie erst einmal funktional unterwegs. Führen bedeutet Einfluss auf Mitarbeiter nehmen, um Ziele zu erreichen. Es ist also eine bewusste Handlung, um zu einem bestimmten Ergebnis zu kommen. Dieses bewusste Handeln ist planvolles Handeln.

Das planvolle Handeln reicht aber nicht aus. Es geht auch um die Beziehungsqualität. Also darum, menschliche Beziehungen so zu gestalten, dass die gemeinsamen Ziele (des Unternehmens) erreicht werden. Aber damit ergibt sich eine erste Konkurrenz: Unternehmen brauchen Erfolg, um zu bestehen – Menschen wünschen sich aber auch die Befriedigung ihrer Bedürfnisse, und die gehen weit über den Erhalt einer Arbeitsstelle hinaus.

Wichtig **Spagat der Führungsarbeit**

Planvolles Handeln und die **Gestaltung menschlicher Beziehungen** stellen den Spagat in Ihrem persönlichen Führungshandeln dar. Letztlich ist das eine Situation, die Sie als Führungskraft erst einmal für sich klären dürfen. Wie schaffen Sie es, den Bezug zu den Menschen zu wahren und den ökonomischen Erfolg zu sichern?

Ein Blick in die sich verändernde Arbeitswelt kann Ihren Blick erweitern:

Unternehmen, die den Fokus auf humane und wirtschaftliche Aspekte legen, können durchaus erfolgreich sein. So plädiert Götz Werner (der Gründer der dm-Märkte)[5] für einen Weg, der Mitarbeiter auf den Weg in die Selbstverantwortung und Innovation einlädt. Er stellt sie in den Mittelpunkt des Unternehmens und der Führung und ist damit sehr erfolgreich. Er sieht Unternehmen als soziale Organismen: *»Die Menschen im Unternehmen sind die wichtigsten Kunden, die wir haben.«* (DVD 31:00) und *»Die Menschen sind der Zweck von Organisationen.«* (DVD 33:00)[6].

Zielt der Zweck eines Unternehmens vor allem auf Gewinnmaximierung ab, werden die Mitarbeiter zum Mittel, um diesen Zweck zu erreichen. Das Menschenbild wäre eher funktional, der Führungsstil ebenso.

Wenn Unternehmen als soziale Organisationen für die darin arbeitenden Mitarbeiter gesehen werden, sind Mitarbeiter und Kunden der Zweck der Unternehmen. Darauf bezieht sich ein anderes Menschenbild und ein anderer Führungsstil.

Übung

Ich verstehe Führung als das Gestalten von Beziehungen, um Ziele zu erreichen. Tatsächlich leben Sie diese Beziehungen jeden Tag. Doch nutzen Sie auch die Gelegenheiten, die sich Ihnen bieten? Markieren Sie in Ihrem Tagesplan all die Zeiten, in denen Sie mit Mitarbeitern im Gespräch sind – das sind Führungszeiten!

1.4 Führen Sie mit Plan

Jeder Mensch hat seinen eigenen Arbeitsstil und seinen individuellen Umgang mit der Zeit. Jede berufliche Situation hat eine eigene Dynamik, der man sich anpassen muss. Der Grad der Anpassung und aktiven Gestaltung von Zeitkorridoren ist ein Balanceakt, den jede Führungskraft zu bewältigen hat. Mittlerweile ist auch allen bewusst geworden, dass Zeitmanagement-Techniken hier nur eine kleine Hilfestellung darstellen.

Jede Einrichtung, jede Organisation hat zudem einen sehr eigenen, typischen Umgang mit der Zeit. Wenn wir uns also mit der »Führung mit Plan« beschäftigen, rich-

[5] Werner G (o. J.): Schlüsselmomente. Das Geheimnis innovativer Führung. DVD.
[6] Ebd.

tet sich der Blick automatisch auf Ihren persönlichen Umgang mit der Zeit, Ihren persönlichen Führungsstil und die strukturellen Gegebenheiten Ihrer Einrichtung. 1

Alle Teilnehmerinnen und Teilnehmer in meinen Seminaren beklagen das streng limitierte Zeitkorsett. Damit umzugehen und auch noch Mitarbeiter zu führen, ist zugegebenermaßen eine Kunst. In diesem engen Raster auch noch das persönliche Führungsprofil zu leben, ist aber dennoch ein lohnenswertes Ziel. Denn wenn Sie nicht mehr authentisch sein können, wird Ihnen die Arbeit keine Freude und keine Befriedigung mehr bieten. Also heißt es, in engen Grenzen den persönlichen Führungsstil leben. Es ist eine elementare Aufgabe, den eigenen persönlichen Arbeitsstil zu kennen und ihn permanent zu verfeinern.

Beispiel

»Wenn ich meinen Mitarbeitern erklären sollte, wie ich als Einrichtungsleitung meinen Tag gestalte, könnte ich das gar nicht. Ich bin so spontan unterwegs, dass ich das mache, was gerade anliegt«, sagte mir einmal eine Einrichtungsleiterin. Diese Aussage passte auch zu ihr. Sie war eine äußerst lebhafte, temperamentvolle und spontane Persönlichkeit.

Sie fühlen sich getrieben, zu Ad-hoc-Reaktionen gedrängt und stehen unter dem dauernden Eindruck, dass Ihnen die Zeit davonläuft? Das geht vielen Führungskräften nicht anders. Wie können Sie in bewussteres Handeln kommen?

Im Tagesplan von Sonja Werther erkennen Sie die täglichen Aufgaben einer PDL. Laut klassischen Stellenbeschreibungen liegen ihre Aufgaben in folgenden Bereichen:

- Qualitätsmanagement
- Bewohnerbetreuung
- Personal-/Mitarbeiterführung
- Verwaltungsaufgaben
- Kommunikations- und Beziehungspflege zu den unterschiedlichsten Bereichen.

Schauen Sie sich Ihren eigenen Tagesablauf an. Wie viele reale Führungszeit ist darin? Können Sie 30 Minuten entdecken, in denen Sie Ihre Mitarbeiter führen? Und weitere 30 Minuten, in denen Sie sich selbst führen? In der Regel arbeitet ein PDL 39 Stunden pro Woche, also 7,8 Stunden pro Tag (= 468 Minuten). 30 Minuten Führungszeit für Ihre Mitarbeiter sind pro Tag gerade mal 6,4 Prozent Ihrer Arbeitszeit. Klingt das nicht machbar?!

Sollten Sie als Führungskraft auch zu den »Es-ist-nie-gut-genug«-Menschen gehören, kann eine solche zeitliche Übersicht Ihre eigenen (womöglich zu hohen) Ansprüche relativieren. Es ist genug, wenn Sie 30 Minuten effiziente (schnell und mit geringem Aufwand) und effektive (zielführende) Führungszeit aufbringen. Und weitere 30 Minuten, in denen Sie sich selbst führen. Dazu später mehr (▸ Kap. 3).

Konkret heißt das: Nutzen Sie Übergaben und Besprechungen, um bewusst zu führen. Das können hocheffiziente und effektive Zeiten sein. Es ist doch auch ansonsten nicht anders. Die Pflege von Bewohnern wird ebenfalls hocheffizient betrieben. Das führt dazu, dass wir klare Strukturen und Arbeitsabläufe haben, um so am besten den Bedürfnissen der Bewohnerinnen und Bewohnern zu entsprechen. Diese Abläufe sind QM-relevant und besitzen hohe Priorität. Letztlich ist dieses Vorgehen auch auf den Führungsalltag übertragbar. Also, machen Sie sich einen Plan, sofern Sie ihn noch nicht haben.

Nehmen wir das Beispiel der WBL Florian Völker[7]. Die Themen Wohnbereich, Pflege und Administration gilt es jeden Tag zu planen und durchzuführen. Mit einer Übersicht sieht er am ehesten, wo seine Planung noch verbesserungswürdig ist. Schauen wir in seine Tagesplanung, in die Übersicht. Passt das so? Würden Sie etwas verändern?

Tab. 3: Tagesplanung Florian Völker

Uhrzeit	Tätigkeit
6:45	Übergabe
10:00-11:00	Pflege
11:00	Administration
14:30	Ende

Florian Völker ist auf den ersten Blick zufrieden. Ja, das passt. Er überlegt, ob er die Übergabe noch effektiver gestalten kann. Bisher lässt er sich einfach die Vorkommnisse erklären. Da könnt er noch tiefer fragen und steuern. Zum Beispiel »Was habt Ihr unternommen, um eine Lösung zu finden?« – »Was ist der Grund für ...?« – »Was werdet Ihr tun, wenn die Situation noch einmal auftritt?« Die administrativen Aufgaben wird er sich noch einmal genauer anschauen. Da würde er gerne Aufgaben im Team stärker verteilen.

---

[7] Der Name ist frei erfunden. Jede Ähnlichkeit mit einer lebenden oder verstorbenen Person wäre rein zufällig.

1.4.1 Klären Sie die Prioritäten

In der Regel verbindet jede Führungskraft ihre Ziele mit denen des Unternehmens. Wahrscheinlich tun Sie das auch. Sie können natürlich auch die Zufriedenheit der Bewohner und Mitarbeiter als erstes Ziel ansehen. Die Hauptsache ist: Sie haben ein Ziel! Ansonsten gilt der Spruch: »Wenn alles wichtig ist, ist nichts wichtig.«

Wenn Sie alle Dinge mit gleicher Priorität behandeln, laufen Sie Gefahr, das Wesentliche nicht mehr vom Unwesentlichen trennen zu können. Sie verbrauchen womöglich Energie für unwichtige Dinge und haben keine Zeit für die Dinge, die Ihre volle Konzentration benötigen. Deshalb müssen Sie priorisieren. Die sogenannte ABC-Analyse hilft bei der Fokussierung auf das Wesentliche. Aufgaben werden hierbei in A-, B- und C-Aufgaben eingeteilt.

Wichtig **ABC-Analyse**

- A-Aufgaben sind die wenigen, besonders wichtigen Aufgaben mit einer hohen Wertigkeit.
- B-Aufgaben sind mittelmäßig wertvoll, meist verschiebbar, dürfen nur nicht aus den Augen verloren werden.
- C-Aufgaben sind häufig Routinetätigkeiten, die Zeit kosten und im Idealfall sogar delegierbar sind. Eine Fokussierung auf diese Aufgaben hat kaum Auswirkungen auf den gesamten Erfolg. C-Aufgaben sind eher »Zeitfresser«.

Was ist Ihnen in Ihrer Führungstätigkeit wichtig, wenn Sie Führung als Einflussnahme auf die Mitarbeiter verstehen, um ein Ziel zu erreichen? Die eigenen Prioritäten zu klären ist immer wieder eine knifflige Aufgabe. Lassen Sie uns die ABC-Analyse auf Ihren Führungsalltag beziehen.

A-Aufgaben

- Was hat in Ihrem Führungsverständnis die höchste Priorität?
  Beispiel: Beziehung gestalten – mit jedem Mitarbeiter einmal am Tag sprechen und wissen, wie es ihm geht.
- Was sind Ihre persönlichen A-Prioritäten? Dies sind Führungsaufgaben, die nur Sie erledigen können und die für Ihren Führungserfolg unabdingbar sind.
  Beispiel: Leistung beobachten: Überblick über den/die Wohnbereich/e haben, um eine Leistung zurückzumelden – Rückmeldung geben, was gut gelaufen ist.
- Was hat so hohe Priorität, dass Sie es in Ihren täglichen Ablauf mit einbinden wollen?

Beispiel 1: Kreativität und Gestaltungsfreiräume einräumen: Sich in einer Mitarbeiterrunde ein spezielles Problem vornehmen und es gemeinsam kreativ lösen. Das kann ein Problem sein, das Bewohner, Angehörige oder den Ablauf extrem stört.
Beispiel 2: Informieren: kurze 15-minütige Besprechung, um die Tagesthemen gemeinsam zu bewerten.

▶ Die A-Prioritäten gilt es zu tun!

B-Aufgaben

B-Prioritäten sind Tätigkeiten, die zwar wichtig, aber nicht so dringend sind. Sie sind also zeitlich keine »brennend« heißen Tätigkeiten und können bis zu einem gewissen Grad geschoben werden. Wenn man sie allerdings zu lange verschiebt, werden sie dann doch schnell brennend heiß. Also kann man sie nicht zu lange aufschieben.

Was Sie zu diesen B-Prioritäten zählen, entscheiden letztlich Sie selbst.

Einige Beispiele:
- Planung von Fortbildungsmaßnahmen
- Verfassen von Zeugnissen
- Erstellung und Kontrolle der Dienstpläne
- Ermittlung des aktuellen und zukünftig notwendigen Personals im Rahmen des Personalbudgets
- Stellenplan entwickeln anhand des Belegungsplans
- Kontrolle der Arbeits- und Brandschutzverordnung
- Entwicklung und Optimierung von Arbeitsmethoden und einheitlichen Pflegetechniken

▶ Die B-Prioritäten gilt es zu planen.

C-Aufgaben

C-Prioritäten sind Tätigkeiten, die keinen nennenswerten Belang für Ihren Erfolg haben. Manchmal sind es liebgewonnene Gewohnheiten, von denen wir ungern lassen. Es können Routine-Aufgaben sein, auf alle Fälle sind es Aufgaben, die jemand anders an Ihrer Stelle genauso gut machen kann.

Einige Beispiele:
- Protokolle von Besprechungen schreiben
- Fort- und Weiterbildungswünsche entgegennehmen
- Auswahl und Beschaffung von Fachliteratur
- Aktualisierung der Warteliste
- Überprüfung der eingegangenen Lieferungen

- Überprüfung der Dienst- und Urlaubspläne
- Erstellen und Aktualisierung von Überstunden Listen
- Post verteilen
- Blumen gießen
- Sicherstellen der Wartung von Dienstfahrtzeugen
- Kontrolle von Renovier- und Reparaturarbeiten

▸ Die C-Prioritäten gilt es zu delegieren.

Fazit **Ordnen Sie Ihre Aufgaben!**

In der ABC-Analyse liegt eine hohe Chance der Klärung. Vielen Führungskräften ist die Unterscheidung zwischen Routine, geliebten Tätigkeiten, notwendigen Tätigkeiten und Aufgaben, die den persönlichen Erfolg ausmachen, nicht deutlich.

Übung

Außerdem lässt sich die ABC-Analyse mit einer klärenden Reflexion verbinden:
Was ist Ihnen in Ihrem Führungsverständnis wirklich wichtig?
Wo »vertreiben« Sie sich eher die Zeit, als dass Sie wirklich führen?

1.4.2 Ihr persönlicher Handlungsstil im Zeitmanagement

Sollten Sie der perfekte Planer sein, können Sie dieses Kapitel getrost überspringen, denn dann haben Sie ein gutes System, mit dem Sie jeden Tag als Führungskraft gestalten. Einen solchen Stil zu finden, ist eine Meisterleistung. Es gibt sie, die Führungskräfte, die einen exakten Tagesablauf mit genug Pufferzeit für Unvorhersehbares umsetzen und ihre Zeit »im Griff« haben.

Was aber mit denen, die sich damit schwer tun? Mit den »kreativen Chaoten«, denen sich Cordula Nussbaum[8] seit Jahren widmet. Der immer noch propagierte systematische und analytische Zeitmanagement-Ansatz ist diesen Menschen ein Grauen. Meist sind sie frustriert über die zahlreichen Versuche, ihrer Arbeit eine feste, geplante Zeitstruktur zu geben.

[8] Nussbaum C (2017)

Übung

Wie würden Sie sich selbst beschreiben? Fällt es Ihnen leicht, nach Plan zu arbeiten oder empfinden Sie Pläne als einengend? Brauchen Sie einen roten Faden, um immer wieder auf Wichtiges zurückzukommen oder vollkommene Freiheit, um sich wohl zu fühlen? Reflektieren Sie sich und notieren Sie Ihre Gedanken.

Modelle, die unterschiedliches Zeitmanagement-Verhalten beschreiben, können da zur Selbstreflexion dienen. Solche Modelle helfen Ihnen, sich selbst besser zu verstehen. Sie erleichtern die Entscheidung, wie hoch der Grad an fester Tagesstruktur sein muss, der Sie erfolgreich macht und wie hoch der Grad an freiem Prozess sein muss, damit Sie sich wohl fühlen. Darauf kommt es uns immer wieder an.

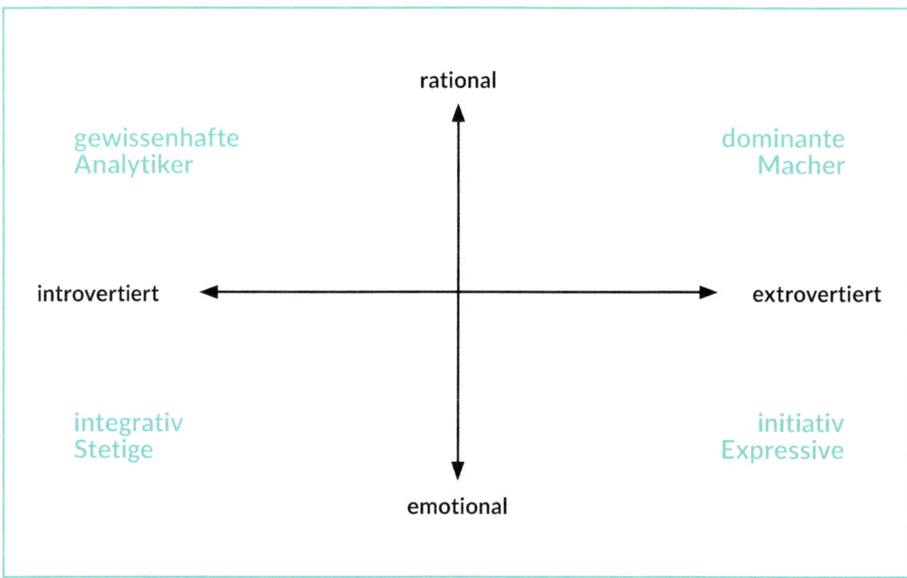

Abb. 1: Vier Denk- und Verhaltensstile (vgl. Christian Stöwe, Lara Keromosemito: Führen ohne Hierarchie: 16ff.).

Frage 1: Sind Sie eher emotional oder rational?

Schätzen Sie sich eher als rational (die Sache/Aufgabe steht im Vordergrund) oder emotional (das Gefühl/die Beziehung hat höchste Priorität) ein. Die meisten von uns stehen hier eher in der Mitte (▸ Abb. 1). Es kommt eben jeweils darauf an, worum es geht. Rational ist in diesem Modell die Führungskraft, die sehr aufgabenbezogen arbeitet; emotional sind diejenigen, die eher sehr beziehungsorientiert unterwegs sind.

Frage 2: Sind Sie eher introvertiert oder extrovertiert?
Erhalten Sie Ihre Energie eher aus der Stille (introvertiert) oder aus dem Außen (extrovertiert)? Eine einfache Erklärung ist Ihr Urlaubsverhalten: Erholen Sie sich in der Ruhe beim Wandern oder lassen Sie sich gern von vielen äußeren Eindrücken inspirieren, z. B. bei einer Reise nach New York?

Die Pole »extrovertiert« bzw. »introvertiert« basieren auf den Arbeiten von C. G. Jung und beschreiben unsere Art und Weise, mit unserer Umwelt zu interagieren. Introvertierte Menschen richten ihre Aufmerksamkeit eher nach innen, um Energie zu schöpfen; extrovertierte Menschen schöpfen Energie, indem sie ihre Aufmerksamkeit nach außen richten.

Natürlich sind wir eine Mischung aus allen Verhaltensstilen, dennoch neigen wir dazu, einige Tendenzen stärker auszuprägen. Diese Tendenzen (▸ Abb. 2) geben die Unterschiedlichkeit im Umgang mit der Zeit wieder.

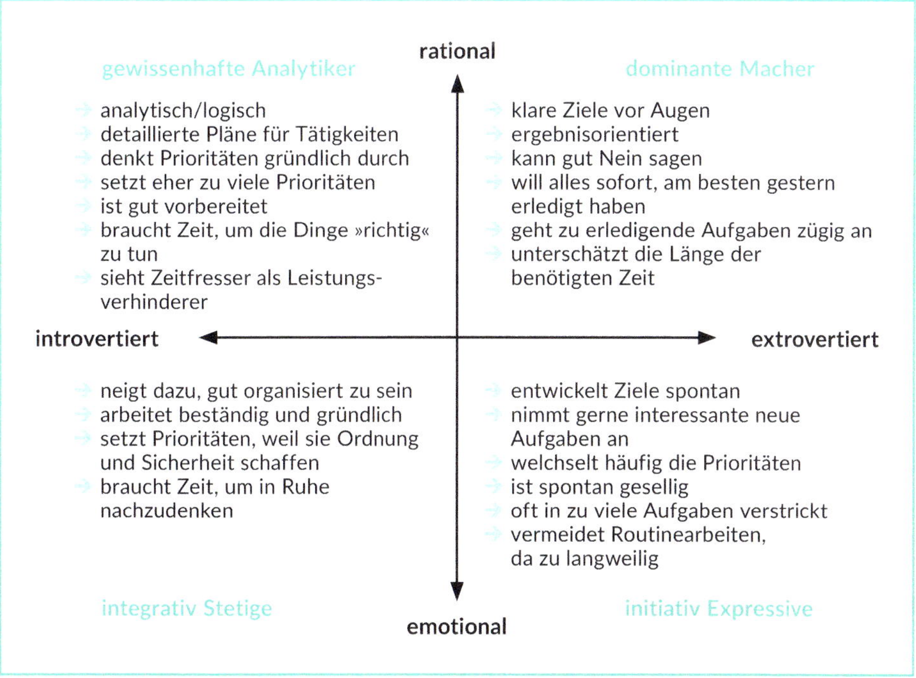

Abb. 2: Umgang mit der Zeit/Planung eines Tagesablaufs (vgl. Christian Stöwe, Lara Keromosemito: Führen ohne Hierarchie: 16ff.).

Bitte nutzen Sie ein solches Modell einfach zur Reflexion. Niemand will Sie in eine Schublade stecken. Aus dem Modell soll nur hervorgehen, was Ihnen persönlich wichtig ist, worauf Sie die Aufmerksamkeit bei Ihrer Zeitplanung richten, wenn es um die 30 Minuten Führungsarbeit geht, die Sie täglich Ihren Mitarbeitern widmen wollen.

Tab. 4: Verhaltensstile und ihre Reflexion

Ihr Verhaltensstil	Wert: Was ist mir persönlich ganz wichtig?	Ziel: Das möchte ich erreichen ...	Fokus: Worauf richte ich meine Aufmerksamkeit?
Analytiker	Perfektion	Qualität	Informationen und Fakten sammeln und vermitteln
Macher	Handeln – Dinge gestalten und umsetzen	Ergebnisse effizient erreichen »jetzt und sofort«	• schnelle Umsetzung, • anstehende Probleme lösen
Expressive	Kontakt, Anerkennung und Spaß	gemeinsam im Team etwas erreichen	im Team etwas »erleben«
Beständige	Konstanz, Sicherheit und Harmonie	harmonisch Arbeiten	gutes Miteinander, gleichbleibende Qualität

Erkennen Sie sich wieder? Die Einrichtungsleitung, die so spontan unterwegs war (Sie erinnern sich?), war auch im Training sehr beziehungsorientiert und extrovertiert. Es war völlig klar: Sie würde sich nie einem systematischen Zeitplansystem anpassen. Das muss sie aber auch nicht. Menschen sind unterschiedlich und ihr Umgang mit der Zeit ist es auch.

Aber Sie wollen ja Struktur. Gehen wir es also an: 30 Minuten Führungsarbeit für Ihre Mitarbeiter am Tag – wie kann diese aussehen? Das kommt darauf an, welchen Verhaltensstil Sie bevorzugen ...

Tab. 5: Verhaltensstile und Führungsarbeit*

Ihr Verhaltensstil	Führungsarbeit für Sie persönlich	Führungsarbeit für Ihre Mitarbeiter
Analytiker	• Machen Sie sich bewusst, dass Menschen wichtiger sind als Vorschriften und Richtlinien. • Bedenken Sie, dass Ihnen bei zu viel Planung zu wenig Zeit zur Umsetzung verbleibt. • Setzen Sie sich für die Erledigung Ihrer Aufgaben unbedingt ein striktes Zeitlimit. • Erkennen Sie, dass Perfektion auch ihre Grenzen hat: Gut ist besser als perfekt.	• Werden Sie lockerer in Ihren Erwartungen, die Sie an sich und andere stellen; lassen Sie auch mal »Fünfe gerade sein«. • Konzentrieren Sie sich auf Ergebnisse, nicht auf Perfektion in der Erledigung. Verwenden Sie nicht so viel Zeit darauf, Dinge zu analysieren.

Ihr Verhaltensstil	Führungsarbeit für Sie persönlich	Führungsarbeit für Ihre Mitarbeiter
Macher	• Nehmen Sie sich Zeit, Ihre Prioritäten zu klären. Schalten Sie einen Gang zurück und verlangen Sie von anderen nicht so viel wie von sich selbst. Erst denken, dann handeln. • Nehmen Sie sich bewusst Zeit für die eigene Muße und Erholung.	• Schreiben Sie Ziele und Erwartungen auf. Kommunizieren Sie diese. • Überschütten Sie die Mitarbeiter nicht mit zu vielen Aufgaben. • Hören Sie aktiv zu.
Expressive	• Beenden Sie angefangene Aufgaben bevor Sie etwas Neues beginnen. • Arbeiten Sie daran, pünktlich zu sein. • Vergeuden Sie Ihre Energie nicht, indem Sie unnötigen Aufgaben hinterher rennen. • Listen Sie alle zu erledigenden Aufgaben auf, erstellen Sie eine To-do-Liste mit Prioritäten und halten Sie sich daran. • Erstellen Sie einen Tagesplan und bringen Sie mehr Struktur in Ihren Tagesablauf. • Räumen Sie Ihren Schreibtisch auf und misten Sie die Ablagekörbe aus.	• Begrenzen Sie die Zeit für private Gespräche, seien Sie weniger gesellig.
Beständige	• Starten Sie Ihren Arbeitstag früher, um nicht in Zeitdruck zu geraten. • Suchen Sie nach neuen Wegen, um schneller zu gewünschten Abläufen zu kommen, statt an bewährten Abläufen fest zu halten. • Verbessern Sie die Effizienz Ihrer zeitlichen Abläufe. • Lernen Sie, dass geplante Veränderungen Ihr Leben positiv bereichern können. • Nehmen Sie die Dinge einfach in die Hand und fangen Sie mit kleinen Dingen an. • Denken Sie weniger in Arbeitsaufwand, sondern mehr in Ergebnissen. • Trauen Sie sich mehr zu.	• Sprechen Sie sich häufiger ab, um Prioritäten und Aktivitäten mit anderen zu klären. • Sprechen Sie lauter. • Sagen Sie häufiger auch mal »Nein«.

* angelehnt an Seiwert L & Gay F (2016): Das 1x1 der Persönlichkeit: Mehr Menschenkenntnis und Erfolg mit dem persolog®-Modell. Gräfe und Unzer Verlag, München

Diese Auflistung kann Ihnen einen Hinweis darauf geben, worauf Sie selbst im Umgang mit der Zeit noch mehr achten sollten. Meist kennen wir uns selbst ja sehr gut, ziehen aber keine Schlüsse daraus. Ich bin z. B. eine Mischung aus expressivem Verhaltensstil (wen wundert's, schließlich stehe ich als Trainerin täglich auf der »Bühne«) und beständigem Verhaltensstil (meine Kundenbeziehungen sind langjährig und konstant). Ich kenne meine »Zeitfallen« und finde mittlerweile einen guten Umgang damit. Ich verzettele mich gern, arbeite gleichzeitig an vielen Aufgaben und lasse mich leicht ablenken. Wenn die Zeit knapp ist, brauche ich einen festen Plan (Kalender, To-do-Liste, Zeitplanbuch) und habe ständig die Uhr im Auge.

Meine 30 Minuten Führungszeit für Mitarbeiter würde ich so gestalten, dass ich grundsätzlich eine To-do-Liste und einen Kalender führe. Alle Tätigkeiten sind mit Zeitfenstern versehen. Allerdings brauche ich Puffer, sonst fühle ich mich zu sehr beengt. Meine Empfehlung an alle »Planungsskeptiker«:

- Täglich: Morgendliches Innehalten und die »Big Points« des Tages aufschreiben (5 Minuten). Die fünf Minuten sind schon Führungszeit, denn Sie verschaffen sich einen Tagesüberblick und setzen die wesentlichen Prioritäten. Diese Big Points begleiten Sie im Hintergrund durch den Tag, Sie werden immer wieder daran erinnert, wenn Sie an Ihren Schreibtisch gehen. Den Punkt, den Sie nicht schaffen, nehmen Sie wieder am Folgetag auf.
- Täglich: Treffen im Büro – im Stehen – mit der nächsten Hierarchiestufe, Austausch über das Wesentliche (15 Minuten)
- »Kittel brennt«-Faktor: »Wo brennt es gerade?« und welche Themen müssen aus der Besprechung aufgenommen und in den Tagesablauf integriert werden? Vorgehen überlegen und Schritte einleiten (10 Minuten).

Danach geht es ans Tagwerk. Am Ende des Arbeitstages werden die nicht erledigten Dinge (und die gibt es immer) auf den nächsten Tag gesetzt. Sie wissen aber, was Sie getan haben und gehen gut mit sich selbst um, weil Ihnen ja klar ist, dass Sie nie alles erledigen können. Sie haben 30 Minuten Führungszeit für Ihre Mitarbeiter bewusst gelebt. Das ist Ihnen wichtig.

Definition **Big Points**

Big Points sind wichtige, entscheidende Punkte im Sport oder Spiel.
In unserem Kontext sind damit Entscheidungen, Termine und Dinge gemeint, die tagesaktuell am Wichtigsten sind.

1.4.3 Ihre Sandwichposition

Der Arbeitsalltag lässt vielen Führungskräften nicht nur wenig Zeit, sondern konfrontiert sie auch mit vielen, höchst unterschiedlichen Ansprüchen. Alle haben Erwartungen, wollen etwas und die Gefahr, es allen recht machen zu wollen, ist sehr groß.

Sie werden nie genug Zeit für Führung haben. Überprüfen Sie daher Ihren Anspruch. Führungskräfte leben meist unter einem hohen Erwartungsdruck. Um eine gute Grenze ziehen zu können ist ein Blick auf Ihre Rolle wichtig.

Führungskräfte in der Pflege sind in der Regel in der Sandwichposition, das heißt, sie führen Mitarbeiter und werden gleichzeitig von Vorgesetzten geführt. Um den Druck von oben und unten auf ein gutes Maß zu reduzieren, ist eine professionelle Rollenklärung wichtig: 1

- Welchen Erwartungen bin ich ausgesetzt?
- Welche kann und will ich erfüllen?
- Welche werde ich nicht erfüllen/über welche werde ich noch nachdenken?
- Mit welchen Folgen muss ich rechnen?

Drei Schritte zur professionellen Rollenklärung

Schritt 1: Stakeholder – klären Sie, wer Ihre Stakeholder sind? Wer beeinflusst den Erfolg Ihrer Arbeit maßgeblich?

Definition **Stakeholder**

Stakeholder sind Personen, die Einfluss auf Ihre Position haben. Personen, die einen Anspruch auf Ihre gute Führungsarbeit erheben, deren Erwartungen Sie versuchen, zu erfüllen.

Beispiel: Die PDL Sonja Werther überlegt sich, wer welche Erwartungen an sie stellt. Zunächst ist da ihre Einrichtungsleitung. Die lässt ihr viel Freiraum, erwartet aber jeden Tag einen kurzen Bericht (10 Minuten) über die Ereignisse des Vortages. Darauf muss sich Sonja Werther stets vorbereiten. Für diese Zusammenfassung braucht Sonja Werther 5 Minuten, um die wesentlichen Fakten des Vortages zusammenzufassen.

Dann sind da ihre Mitarbeiter, worunter sie erst einmal alle Pflegekräfte zählt. Sie erwarten eine Orientierung, klare Ansagen, wo es lang geht und auch mal die Klärung des einen oder anderen Konflikts von ihr. Aber so ganz sicher ist sich Sonja Werther nicht, was Mitarbeiter sonst so allgemein von ihrer PDL erwarten.

Bei ihren Wohnbereichsleitungen fallen ihr sofort Erwartungen ein. Die WBL erwarten vor allem schnelle und klare Entscheidungen. Ebenso erwarten sie Antworten auf ihre Fragen und Rückendeckung. Am liebsten wäre ihnen die immer offen stehende Tür, sodass sie ständig ihre Fragen stellen können. Wahrscheinlich erwarten sie auch, dass die PDL ihre Arbeit sieht und wertschätzt.

Auch wenn Sonja Werther schnell die eine oder andere Erwartung einfällt, ist sie sich nicht so ganz sicher, ob sie die richtige Vermutung hat. Sie möchte gerne etwas drüber nachdenken und nimmt sich ein Blatt Papier zur Hand.

Schritt 2: Verdeutlichen Sie sich die Erwartungen anderer Personengruppen.

Sonja Werther listet nun die Erwartungen der anderen Personengruppen auf, die Mitarbeiter, die Bewohner, die Angehörigen etc. Ihre Stellenbeschreibung ist da hilfreich. Auf einmal wird deutlich, was ihr wirklich wichtig ist, wo sie in der Pflicht steht und wo nicht.

Tab. 6: Erwartungen der unterschiedlichen Personengruppen

Personenkreis – wer erwartet etwas?	Erwartungen	Erwartungen erfüllt / nicht erfüllt / nicht erfüllbar / noch zu überlegen
Einrichtungsleitung	• Bericht des Vortages/Informationen • Gestaltung einer Organisationsstruktur • wirtschaftliche Betriebsführung • Kontrolle und Beobachtung der Pflege und Betreuung und Sicherung und Förderung der Zufriedenheit des Pflegepersonals • Weiterbildung des Pflegepersonals sicherstellen • Beachten der arbeitsrechtlichen Richtlinien, der tariflichen Rahmenvereinbarungen und trägerspezifischen Besonderheiten • Verantwortung für die Dokumentation • Entgegennahme und Bearbeitung von Wünschen sowie Beschwerden der Bewohner und deren Angehörigen • Dienstpläne erstellen • Ermittlung des aktuell und zukünftig notwendigen Personals im Rahmen des Personalbudgets • Entwicklung eines Stellenplanes für den Pflegebereich anhand des Belegungsplans • Durchführung und Protokollierung von Besprechungen mit den Mitarbeitern des Wohnbereiches, insbesondere Leitung von Dienstübergaben, Regelung von Art und Umfang der auszuführenden Tätigkeiten der einzelnen Personengruppen (Wohnbereichsleitungen, Pflegefachkräfte, Pflegehilfskräfte, Auszubildende, Praktikanten usw.) • Beratung und Unterstützung des Pflegepersonals in schwierigen Situationen • Bearbeitung und Bewertung von Bewerbungen • Durchführung von Einstellungsgesprächen, Entgegennahme von Kündigungen des Pflegepersonals • Erteilung von Belehrungen oder Ermahnungen bis hin zu Abmahnungen bei Verfehlungen • Mitwirkung beim Einstellungs- und Entlassungsprozesses des Pflegepersonals • selbstständiges Verfassen von Zeugnissen • Hilfe bei der Einarbeitung und Anleitung neuer Pflegekräfte • Unterstützung bei der Betreuung und Praxisanleitung aller Auszubildenden	

1

Personenkreis – wer erwartet etwas?	Erwartungen	Erwartungen erfüllt / nicht erfüllt / nicht erfüllbar / noch zu überlegen
Mitarbeiter	• Orientierung • klare Anweisungen • Verständnis und Fürsorge • Zeit • Förderung eines gutes Verhältnis der Mitarbeiter untereinander wie auch der Mitarbeiter zu den Heimbewohnern	
WBL	• Informationen • das Ohr für Probleme • Entscheidungen treffen bei allen Problemen • Sicherstellung der Qualität der Pflege durch Wohnbereichsrundgang	
Verwaltung	• kollegiale Zusammenarbeit • Überprüfung der Leistungserfassung • Mitwirkung bei den Aufnahme neuer Bewohner • Erstellung eines Aufnahmeprotokolls und einer Pflegeanamnese • Mitwirkung bei Fragen rund um die Kostenübernahme • Mithilfe beim Abschluss von Pflegeverträgen • Verantwortung für Einkauf bzw. Lagerhaltung der Pflege. Insbesondere Bestellung und fachgerechte Lagerung von Medikamenten, Verbandsmitteln, Pflegemitteln, Heil- und Hilfsmitteln • Überprüfung von eingegangenen Lieferungen • Überprüfung der Lagerbestände • Überprüfen von Arbeits-, Dienst-, Urlaubs- und Vertretungsplänen für das Pflegepersonal • Bearbeitung der Abrechnungsbögen für die Zeitzuschläge aller Pflegemitarbeiter/innen unter Beachtung der jeweiligen Bestimmungen • Abrechnung von Dienstplänen • Erstellung und Aktualisierung von Überstundenlisten	
Bewohner	• Kontakt • menschliche Nähe / Wertschätzung / Respekt • Durchführung von Pflegevisiten • Umsetzung von Pflegestandards • ständige Fortentwicklung der pflegerischen Betreuung der Bewohner	
Angehörige	• Gesprächszeit • »gute« Pflege der An- und Zugehörigen • Leistung, die vereinbart und bezahlt wird • Sicherstellung der pflegerischen Hilfsmittelversorgung für die Bewohner/innen • regelmäßige Überprüfung der Pflegebedürftigkeit der Bewohner/innen.	

Personenkreis – wer erwartet etwas?	Erwartungen	Erwartungen erfüllt / nicht erfüllt / nicht erfüllbar / noch zu überlegen
	• ggf. Maßnahmen zur Anpassung der Pflegegrade nach vorheriger Unterrichtung der Bewohner/innen, Stellen des entsprechenden Antrages bei den Pflegekassen • Erstellung eines Sachverständigengutachtens zur Feststellung der Pflegebedürftigkeit sowie Festlegung des Pflegegrades gemäß Pflegeversicherungsgesetz • Sicherung der besonderen Betreuung von Schwerkranken und Sterbenden, Sorgetragen für ein würdevolles Sterben.	
Lieferanten	• regelmäßige Bestellungen • pünktliche Zahlungen	
MDK	• Einhaltung der Hygienevorschriften • medizinische Vorschriften • korrekte Betreuung • Überwachung, Anleitung und selbstständige Ausführung von ärztlichen Verordnungen	
Gesetzgeber	• Einhaltung der Qualitätsstandards • menschlicher Umgang mit den Bewohnern • Einhaltung der Hygienevorschriften • Erfüllung der gesetzlich vorgegebenen Struktur, Prozess- und Ergebnisqualität	
Qualitätsbeauftragte/ TQM	• Einleitung von Verbesserungsmaßnahmen und Qualitätsmanagementmaßnahmen, Unterstützung der Umsetzung von Maßnahmen zum Qualitätsmanagement, z. B. Qualitätszirkel • Durchsetzung der im Haus geltenden Standards • Information über aktuelle Neuerungen im QM-Handbuch • Reibungslose Zusammenarbeit mit dem Qualitätsbeauftragten	
Aktionäre/ Eigentümer	Rendite	

1

Schritt 3: Die richtige Strategie wählen.

Sonja Werther ist überrascht und auch ein bisschen frustriert: Wie soll sie all diesen Erwartungen gerecht werden? Schauen wir also näher hin: In den fachlichen Pflichtthemen ist sie kompetent. Sie spürt aber manchmal einen unausgesprochenen Druck ihrer Einrichtungsleitung in Richtung Mitarbeiterführung. Sie möge konsequenter durchgreifen. Was heißt das aber? In dem Moment, in dem sie eine »harte« Linie fährt und Mitarbeiter schriftlich ermahnt, kann sie mit Krankschreibungen oder womöglich mit Kündigungen rechnen. Beides möchte sie vermeiden. Sonja Werther nimmt sich vor, noch einmal zu diesem Punkt mit Ihrer Einrichtungsleitung zu sprechen.

Die Liste der Erwartungen ist ihr zu lang. Es gilt die Erwartungen abzuklären und auch ihre Leitung aufzufordern, Klartext zu reden. Was erwartet sie konkret? Sind diese Erwartungen in der regulären Arbeitszeit überhaupt zu schaffen?

Erwartungsgespräche zu führen sind das wichtige Instrument in der Sandwichposition. Sonja Werther beschließt, mit ihrer Einrichtungsleitung zu sprechen, um zwei aus ihrer Sicht sich widersprechenden Erwartungen zu klären:

1. Sie soll Ermahnungen bis zu Abmahnungen bei Fehlvergehen erteilen. Da hat sie sehr konkret eine Mitarbeiterin im Auge, die sich gravierende Fehler bei der Medikamentenvergabe geleistet hat.
2. Dann wieder soll sie aber auch die Zufriedenheit der Mitarbeiter gewähren.

Letztlich weiß sie nicht, wie sie in diesem konkreten und aktuellen Fall vorgehen soll und quält sich schon sehr, denn sie muss zeitnah tätig werden.

Außerdem möchte sie gern die Dienstplanerstellung komplett delegieren. Der WBL Florian Völker des Wohnbereichs Sonnenschein ist ein Genie im Erstellen von Dienstplänen. Sonja Werther möchte ihn gern alle Dienstpläne erstellen lassen und vermutet, dass die Einrichtungsleitung damit evtl. nicht einverstanden ist. Aber Delegieren gehört schließlich auch zu den Führungsqualitäten. Das hat sie im letzten Führungsseminar gelernt.

Sie nimmt sich also vor, ein Gespräch zu führen, um die Erwartungen zu klären – und führt das Gespräch schon mal im Geiste zur Probe:

zu 1.: »Es geht um die Mitarbeiterin Marie E. Ich möchte sie gern als Mitarbeiterin halten, aber ihr Fehler war gravierend. Ich befürchte, dass sie uns verlassen wird, wenn ich Ihr einen schriftlichen Verweis schreibe. Ich brauche da Ihre Unterstützung. Was erwarten Sie genau von mir? Wie soll ich vorgehen?«

zu 2.: »Ich weiß, wie wichtig Ihnen eine von mir erstellte, zuverlässige Dienstplanung ist. Schließlich bin ich verantwortlich, dass die Pflege in den einzelnen Wohnbereichen klappt. Nun haben wir Gott sei Dank eine 100-prozentige Belegung im Haus, sodass mein Kontrollvolumen in den Wohnbereichen zugenommen hat. Um dafür die nötige Zeit zu haben, möchte ich die Dienstpanerstellung gerne an Florian Völker delegieren. Er ist perfekt dafür geeignet und erklärt sich auch bereit, für alle drei Wohnbereiche die Dienstpläne zu erstellen. Ein ungewöhnliches Vorgehen, aber aus meiner Sicht eine wunderbare Lösung. Was halten Sie davon?«

Sonja Werther ist gespannt, wie ihre Einrichtungsleitung (EL) reagieren wird und ob sie ihre Erwartungen flexibel modifizieren kann sowie im Fall von Marie E. Unterstützung anbietet. Sonja Werther überlegt auch schon einen Plan B, in dem sie ihre eigenen Erwartungen etwas abschwächt und zwei Vorschläge macht:

1. Die EL spricht mit Marie E., und sie werden sich zu dritt zusammensetzen.
2. Für die Dienstplanerstellung bittet sie wenigstens um eine Probezeit, in der Florian Völker für drei Monate sein Können beweisen darf. Dann kann man ja weitersehen.

Sonja Werther stellt sich im Geiste eine kleine »Verhandlungsrunde« vor.

Die Sandwichposition fordert Sie als Führungskraft heraus. Alle Seiten wollen etwas von Ihnen. Empfehlenswert ist es, sich Folgendes bewusst zu machen:

- Sie werden es nicht allen recht machen.
- Sie brauchen eine eigene Strategie: Was wollen Sie? Was ist Ihnen wichtig? Worauf wollen Sie Ihre Aufmerksamkeit richten? Eine solche klare Richtung lässt Sie leichter die Prioritäten erkennen und sich abgrenzen.
- Sie wollen Klarheit für Ihre Aufgabe. Sie müssen Grenzen festlegen und Position beziehen. Das bedeutet, viel miteinander zu reden, Probleme diskutieren, Konflikte ausfechten und zu effizienten Lösungen kommen.
- Sie müssen unbequeme Entscheidungen treffen. Für sich selbst und Ihre Einrichtung.
- Sie brauchen einen guten Umgang mit Stress in der Sandwichposition.

Das alles klingt nach Arbeit, Mühsal und Problemen. Wer tut sich so etwas freiwillig an? Niemand, werden Sie denken. Auch Sonja Werther kommt nach der Stakeholder-Analyse ins Grübeln. Wofür macht sie das? Was motiviert sie eigentlich? Wofür nimmt sie diese Lasten auf sich?

Zum einen sind da die Bewohner – ihnen ein gutes Zuhause zu geben, ist Sonja Werther ein großes inneres Bedürfnis. Zum anderen sind da die Mitarbeiter. Sie sind alle ein Team geworden und als PDL kann Sonja Werther in der Einrichtung viel bewegen. Ja, es lohnt sich. Noch fühlt sie sich auf dem richtigen Weg.

1

Info

Chancen der Sandwichposition:

- Spielräume definieren, erweitern, ausnutzen, die eigene Arbeitsweise definieren
- Aufgaben selbstverantwortlich wahrnehmen Mitarbeiterinnen und Mitarbeitern Ziele setzen und weiterentwickeln
- Aufgaben delegieren

Die Risiken der Sandwichposition:

- Ziele, Aufgaben und Arbeitsweisen werden fremdbestimmt
- Autoritätsprobleme mit den Mitarbeitern
- Überforderung
- Verstrickung im Kompetenzgeflecht

Erfolge gehen auf das Konto der Vorgesetzten, Misserfolge auf das der Sandwichführungskraft. Manchmal verteile ich in meinen Seminaren eine Postkarte, auf der nur eine Frage steht: »Was mache ich hier eigentlich?« Die Antworten auf die Frage beziehen sich immer auf den Sinn, der in der Aufgabe steht, auf die Motivation, sich für diesen Beruf zu entscheiden. Die Freude an der Arbeit mit älteren und pflegebedürftigen Menschen soll und darf auch in stressigen Zeiten für Sie spürbar bleiben.

Übung

Wenn Sie merken, dass Ihnen der eigentliche Bezug zur Pflege verloren geht, überlegen Sie kurz am Ende eines Tages vor dem Einschlafen: »In welcher Situation habe ich heute den Sinn meiner Tätigkeit gespürt? Was ist mir heute gelungen? Worauf bin ich stolz?« Nutzen Sie dieses kleine Abendritual für sich!

2 Führen in der Pflege beginnt bei Ihnen … und das ist gut so!

2.1 Erfolgsfaktor Zeit – Warum die ersten Minuten eines Tages immer Ihnen gehören

Der richtige Umgang mit der Zeit ist sicherlich eine der größten Herausforderungen für Führungskräfte in der Sandwichposition. Zu wenig Stunden für die anfallenden Aufgaben und Tätigkeiten sind leider der Normalfall, nicht nur in der Altenpflege. Selbst wenn Sie Ihre Arbeitszeit von 39 Stunden auf 45 aufstocken würden, werden Sie nicht besser dastehen. Und es bleibt dabei: Unser Tag hat 24 Stunden und nicht mehr. Ich greife hier gern ein beispielhaftes Bild auf, dass Alexander Groth[9] zeichnet:

Folgen wir seiner Einladung in ein Spielcasino und kaufen 24 Jetons, jede Spielmarke entspricht einer der 24 Stunden eines Tages. Wie würden die meisten Menschen diese 24 Stunden wohl aufteilen? Vermutlich folgendermaßen:

- 8 Jetons = Schlafen
- 8 Jetons = Arbeiten
- 2 Jetons = Essen
- 1 Jeton = Berufsverkehr
- 1 Jeton = Praktisches (Einkaufen, private Mails etc.)

Das ergibt 20 Jetons. An der Aufteilung zwischen Schlafen, Essen und Arbeiten ist nicht allzu viel zu »rütteln«. Diese Stunden sind mehr oder weniger fix – es sei denn, Sie möchten weniger schlafen oder schneller essen. Beides wäre nicht sonderlich gesund. Bei der freien Zeiteinteilung geht also vor allem um die vier Stunden, die noch übrig bleiben. Das sind die Stunden, die zur Verfügung stehen. Mehr sind es nicht …

Diese vier Stunden sind Ihre kostbare Lebenszeit, in denen Sie sich erholen, auftanken, neue Energie gewinnen und Ihre sozialen Beziehungen leben. Dieses Spiel-

[9] Groth A (2013): 60 f.

bank Beispiel zeigt, wie leicht wir unsere Lebenszeit regelrecht »verzocken«, wenn wir unachtsam mit den Stunden umgehen. Es ist auch die Einladung, die festgesetzte Arbeitszeit einzuhalten, sie nicht zu erweitern und die Tätigkeiten in den vier verbleibenden Stunden sehr bewusst auszusuchen.

Auf der Arbeit, in der Einrichtung, lässt sich vielleicht der Tagesbeginn am ehesten noch bewusst gestalten. Wenn der Tag einmal seine Dynamik einnimmt, wird die Steuerung schwerer. Meist sind wir in den ersten Stunden unseres Arbeitstages auch am leistungsfähigsten. Der Arbeitsbeginn ist die beste Zeit, um produktiv zu sein. Er ist sozusagen eine »heilige« Zeit. In den ersten ein, zwei Stunden am Tag können Sie sich am besten auf den Tag einstimmen und Ihre Prioritäten festlegen. Hier liegen auch die ersten fünf Minuten von jenen 30 Minuten Zeit, die Sie jeden Tag für sich brauchen!

Die ersten fünf Minuten des Tages gehören nur Ihnen! – So geht's:

- Schalten Sie alle Ablenkung ab. Kein Handy, keine E-Mails. Wer sich selbst wichtig ist, versucht wieder der Kapitän des eigenen Zeitschiffes zu werden. Das heißt, nutzen Sie zum Arbeitsbeginn keine E-Mails oder soziale Medien. Schalten Sie ganz bewusst das Handy aus und gehen Sie offline, um sich voll konzentriert ausschließlich einer Sache zu widmen, die wichtig ist.
- Versetzen Sie sich in einen positiven Zustand, laden Sie Ihren Energiestatus auf. Wie Sie dahinkommen? Durch eine Übung! Die Asiaten nennen es das »innere Lächeln«. Damit ist eine Haltung der heiteren Gelassenheit gemeint, die Dinge in Ruhe und in einer positiven Entspanntheit zu beginnen. Probieren Sie es einmal aus!

Übung

Das innere Lächeln

Lächeln macht glücklich, das ist eine Binsenweisheit. »Lachen ist die beste Medizin«, sagt auch der Volksmund und hat Recht damit. Denn im Augenblick des Lächelns wird der Herzschlag leicht beschleunigt, die Durchblutung verbessert, die Muskeln entspannen sich und Endorphine werden ausgeschüttet. Das Immunsystem wird gestärkt, der Sauerstoffgehalt im Blut steigt an, der Gehalt an Stresshormonen im Blut (Adrenalin und Kortisol) dagegen sinkt ab. Am wichtigsten für ein »echtes« Lachen oder Lächeln ist aber der Augenringmuskel: Nur, wenn er sich zusammenzieht, empfinden wir wirkliche Freude oder angenehme Gefühle. Erkennbar daran, dass wir die Augen etwas zusammenkneifen, Lachfalten in den Augenwinkeln auftauchen und die oberen Hälften der Wangen etwas nach oben wandern

Bei dieser Übung übertragen wir unser Lächeln in unser Inneres – wir lächeln in unser Inneres hinein, fast so als würden wir uns selbst zulächeln. Entspannung für Körper, Geist und Seele macht sich sofort breit.

Anleitung:

- Lächeln Sie.
- Wandern Sie mit diesem Lächeln einmal innerlich durch den gesamten Körper: in den Kopf, durch den Hals, in den Brustkorb, die Arme, den Magen, das Becken, die Beine und Füße.
- Allen Organe und Körperteile schicken Sie ein freundliches Lächeln.
- Das war's.

Das Lächeln in die Organe ist eine sehr schöne Übung, die Sie morgens im Bett zum frohen Aufwachen und abends vor dem Schlafengehen zur »Reinigung« von allen Energien und Emotionen des Tages durchführen können.
Diese Übung kommt aus dem Qigong, also aus alter asiatischer Tradition. Ich nutze sie auch als kleine Auffrischung in meinen Seminaren und bitte alle Teilnehmer eine Minute zu lächeln. Schon hebt sich die Stimmung!
Diese Übung wirkt sich spürbar auf Ihre Lebensqualität aus und ist nicht schwer durchzuführen. Sie müssen nur daran denken. Ein kleiner Zettel mit einem Smiley, ein Blumenstrauß auf dem Tisch, eine Kinderzeichnung oder ein Foto, das Ihnen Freude macht etc. – finden sie Ihren persönlichen »Knoten im Taschentuch«, der sie an die Übung erinnert.*

* Vgl. Baus L (2010): 100.

Nehmen Sie sich dann zum Arbeitsbeginn fünf Minuten Zeit, um die drei wichtigsten Aufgaben des Tages aufzuschreiben. Ich nehme dafür etwa eine DIN-A-6-Karteikarte und lege sie vor mich auf meinen Schreibtisch. So werde ich im Laufe des Tages immer wieder an meine drei wesentlichen Aufgaben erinnert.

Für diese Arbeitsvorbereitung brauchen Sie vielleicht fünf, maximal zehn Minuten. Die Idee dahinter ist, dass Sie Ihre eigene innere und äußere Welt miteinander in Einklang bringen, bevor Sie in den Arbeitstag starten. Wenn Sie fokussiert unterwegs sind, lassen Sie sich auch nicht so stark von Ihrem Weg abbringen. Wenn Sie ganz konzentriert bei sich sind, haben Sie eher die Kraft, sich abzugrenzen und sich auf die Themen zu konzentrieren, die für Sie wichtig sind. So steigen Sie zu Beginn des Tages mit diesen bewussten Minuten aus dem üblichen Hamsterrad aus. Sie lassen sich nicht fremdbestimmt treiben, sondern steuern den Tagesanfang.

Je mehr es Ihnen gelingt, den Tag bewusst zu starten und sortiert die Tagesthemen anzupacken, desto mehr wird Ihre Laune steigen. Und Ihr Wille, nicht komplett andere über sich bestimmen zu lassen.

Mittlerweile ist erwiesen, dass das so hochgelobte Multitasking durchaus Gefahren birgt und uns komplett überfordert. Sie kennen das sicherlich, wenn alle möglichen

Anforderungen an Ihnen zerren, lässt Ihre Energie recht schnell nach. Eine Gefahr dabei ist die fehlende Konzentration auf wichtige Aufgaben, wodurch die Produktivität stark leidet. Der Weg führt wieder zurück auf die klare Fokussierung, also auf das Monotasking.

Tipp
Geben Sie sich für wesentliche Aufgaben mit hoher Priorität einen begrenzten Rahmen an Zeit. Schützen Sie diese Zeit vor Unterbrechungen und Ablenkungen jeglicher Art.

Wenn Sie zu Beginn des Tages oder am Ende des Vortages die wichtigsten drei bis vier Aufgaben aufschreiben, bewirkt das eine Konzentration, die fast einem Wunder ähnelt. Das Attraktive an dieser Vorgehensweise ist der Freiraum, den Sie sich damit verschaffen.

Wenn Sie Ihr Büro mit anderen teilen, vereinbaren Sie Spielregeln: »Ich möchte bei Beginn meiner Schicht fünf Minuten ungestört bleiben. In diesen fünf Minuten werde ich keine Fragen und keine Telefonate beantworten.« Vielleicht vereinbaren Sie ein Zeichen: Ein Blickkontakt oder das Läuten eines Weckers gibt allen zu verstehen, wann die fünf Minuten vorbei sind.

Oder Sie setzen sich am Anfang des Tages in einen separaten Raum. Starten Sie nicht in den Tag, ohne die drei wichtigsten Punkte aufgeschrieben zu haben. Im nächsten Schritt können Sie dann diese drei Dinge mit Zeiten zu versehen. Wie viel Zeit brauchen Sie etwa für die Aufgaben? Meist überschätzen wir uns im Umgang mit der Zeit, planen also zu wenig ein, und kommen daher so stark unter Druck.

Sollte Ihre höchste Priorität am Beginn des Tages ein Rundgang sein, um alle zu begrüßen und einen ersten Überblick über anfallenden Themen zu bekommen, so würden Sie mit einer wesentlichen Führungsaufgabe starten: Kontakte pflegen, Arbeit wertschätzen, Infos weitergeben und Arbeitsthemen aufnehmen. Dabei konzentriert zu bleiben und die Zeit im Blick zu haben ist ein Balanceakt. Es wird sicherlich vorkommen, dass die geplante Zeit nicht ausreicht. Das darf auch mal sein und es ändert nichts an der Grundregel: Sie bestimmen den Start in den Tag.

Denn an einer anderen Grundregel können Sie nichts ändern: Sie werden niemals fertig! Es gab Zeiten, da hatten wir dieses beglückende Gefühl, unsere Arbeit getan zu haben. Eine Aufgabe abgeschlossen zu haben. Ein wunderbar befriedigendes Gefühl.

Und ein großes Bedürfnis aller, denn es tut gut, eine Aufgabe zu Ende zu bringen. Dies ist zunehmend weniger der Fall. Meist arbeiten wir in und an Prozessen, die nicht so einfach abzuschließen sind.

Die Menge unserer Arbeitsaufgaben ist in den letzten Jahren kontinuierlich gestiegen. Ebenso hat sich die Arbeitsgeschwindigkeit gesteigert. Das Gefühl, ein Tagespensum geschafft zu haben, ist selten. Unser tiefes, inneres Bedürfnis, Dinge zu Ende zu bringen, bleibt häufig unbefriedigt. Meist ist uns gar nicht bewusst, wie sehr uns dieses Gefühl des Nicht-fertig-Werdens quält. Im Umgang mit der Zeit versuchen wir mit unterschiedlichen Methoden, unserem tiefen Bedürfnis entgegenzukommen.

- Wir fertigen Übersichten an.
- Wir definieren Teilaufgaben und bringen diese zu Ende.
- Wir grenzen uns ab, sagen auch mal »Nein«.
- Wir nehmen uns Zeit für uns selbst.

Unsere Arbeit ist wie ein Fluss: Wenn wir arbeiten, schwimmen wir in einem Fluss von Aufgaben. Haben wir eine Aufgabe erfüllt, rückt stets die nächste nach. Wie ein Fluss, der immer wieder aus einer sprudelnden Quelle schöpft, entstehen immer wieder neue Aufgaben, Anforderungen und Probleme. Völlig unabhängig davon, ob wir schnell oder langsam arbeiten (schwimmen). Wichtig ist es, eine gute Kondition und Technik im Schwimmen zu erlangen und zwischendurch am Ufer auch mal eine Pause einzulegen, um uns zu erholen. Denn egal, wie schnell und gut wir schwimmen, der Fluss der Aufgaben wird weiterfließen. An seiner Strömung und Geschwindigkeit werden wir wenig ändern. Das morgendliche Ritual der fünf Minuten gleicht dem Innehalten, bevor Sie sich in die Fluten stürzen.

2.2 Erfolgsfaktor Plan – Warum Sie wissen müssen, wohin Sie wollen

Bleiben wir bei dem Bild des Flusses. Sie werden sicherlich in wilden Gewässern nicht nur nach Gefühl, sondern gut vorbereitet – geplant – navigieren (Gefahrenstellen kennen und umschiffen, Strömung berücksichtigen, Wettervorhersagen einholen). Sie wollen die Übersicht behalten, damit alle wohlbehalten ans Ziel gelangen.

Planen bedeutet, sich dem Ziel gedanklich Stück für Stück zu nähern. Dabei sind sowohl berufliche wie private Dinge und planungsfreie Zeit für Spontanes zu berücksichtigen.

Im Berufsalltag geht uns diese Übersicht häufig verloren. Wir lassen uns durch die alltäglichen Pflichten und Routinen treiben, orientieren uns an Erwartungen, seltener an eigenen Zielen. Aus dem hektischen Getrieben-Sein auszubrechen ist nicht einfach. Denn beides will gemeistert werden: sowohl das flexible Reagieren auf die plötzliche Aufgaben als auch der Blick auf eigene Ziele und Pläne.

Wenn Sie wieder das Ruder in der Hand halten und den Kurs bestimmen, erhalten Sie einen Teil der Würde und Selbstführung zurück, die Ihnen im hektischen Betrieb abhandengekommen sind. Planen heißt, wieder den Kurs bestimmen zu können. Auch wenn wir meist die äußeren Umstände und Menschen für die Hektik verantwortlich machen, letztlich sind wir es, die die Entscheidungen treffen, ob wir genau das Telefonat jetzt annehmen, wann wir eine Pause machen etc.

Das Thema »Planung« darf in keinem Zeitmanagement-Seminar fehlen. Wer Tages- und Wochenpläne aufstellt, ist sicherlich effizient unterwegs. Doch Menschen sind sehr unterschiedlich (▸ Abb. 1), nicht alle sind so gut strukturiert. Ich fange z. B. erst an, Wochenpläne zu erstellen, wenn ich etwas ganz Konkretes erreichen will und mich mein Alltag nicht dazu kommen lässt. Um dieses Buch zu schreiben, habe ich Wochenpläne erstellt. Anders ging es nicht.

Das richtige Maß für die eigene Planung ist individuell. Wenn Sie das Gefühl haben, das eigene Leben zu steuern, der besagte Kapitän zu sein, haben Sie Ihr Maß an Planung erreicht. Hinter diesem Maß, die eigene Zeit zu strukturieren und zu planen, verbirgt sich dreierlei:

1. eine Haltung und innere Einstellung,
2. eine Arbeitsplanung in Form einer Organisation,
3. die Gewissheit, was Ihnen wichtig ist, in Form von Prioritäten und Werten.

Pläne zu erstellen heißt, Arbeitsblöcke im Tagesablauf festzulegen und sich so weit wie möglich daran zu halten. Wie kann das aussehen? Arbeitsblätter helfen Ihnen dabei weiter. Einen Arbeitsplan-Wochenplan gebe ich Ihnen gleich mit (▸ Tab. 7).

Tab. 7: Wochenplan

Die drei wichtigsten To-dos der Woche – was wollen Sie in der Woche auf jeden Fall erreichen?							
	Montag	**Dienstag**	**Mittwoch**	**Donnerstag**	**Freitag**	**Samstag**	**Sonntag**
1							
2							
3							

Ein planvolles Vorgehen lässt sich ganz einfach erreichen. Schauen wir uns ein konkretes Beispiel an: PDL Sonja Werther hat ein schlechtes Gewissen. Kümmert sie sich wirklich genug um ihre Mitarbeiter? In ihrer Einrichtung gibt es vier Wohnbereiche.

Wenn sie morgens einen Rundgang durch die Wohnbereiche macht, sind fast zwei Stunden um. Dann hat sie mit Bewohnern und Mitarbeitern gesprochen, weiß ungefähr, wie die Lage ist. Anschließend geht es an den Schreibtisch und die dringenden Aufgaben werden bearbeitet. Ein schwieriges Kritikgespräch steht noch an, das ihre WBL nicht allein führen möchte. Sonja Werther fragt sich: War das alles zum Thema Führung? Heißt Führung nach Bedarf führen? Das, was gerade kommt, abhandeln?

Sonja Werther möchte bewusst steuern und auch das Gefühl haben, dass sie ein Ziel ansteuert. Sie möchte das Gefühl haben, in eine geplante Richtung zu gehen. »Ich will eine gute Führungskraft sein«, ist ihr Ziel.

Leider ist das kein konkretes Ziel, aber immerhin eine gute Ziel-Idee. Darauf kommt es letztlich an: Man muss wissen, was man will. Um die Idee zu konkretisieren, schauen wir uns die Bedingungen für gut realisierbare Ziele einmal an.

Ziele sollten konkret sein, damit wir auch merken, wann wir sie erreicht haben. Konkret heißt, fest umrissen und spezifisch formuliert. Was ist also eine »gute« Führungskraft? Schauen wir uns Sonja Werther an.

Beispiel

Eine gute Führungskraft sein

»Eine gute Führungskraft ist eine, die Zeit für ihre Mitarbeiter hat« sagt Sonja Werther. Und wie viel Zeit wäre das so am Tag? Und was heißt Zeit? Zeit für ein persönliches Treffen, ein Telefonat oder die schriftliche Kontaktaufnahme? Sonja Werther denkt nach. »Na, so zehn bis 15 Minuten, ein persönliches Gespräch jeden Tag.« Wer sind ihre Mitarbeiter? »Na, alle!« Alle Pflegekräfte? »Um Gottes willen, das geht natürlich nicht«, wiegelt Sonja Werther ab. »Aber alle WBL!« Und für sie 15 Minuten Zeit am Tag? Ist das realistisch? »15 Minuten?«, Sonja Werther nickt. »Ja, das müsste gehen. Häufig spreche mit meinen WBL einzeln viel länger und mehr.« Welche Führungsthemen will Sonja Werther ansprechen? Sind es Informationen, Aufgaben, Feedback zur Arbeitsleistung? All dies sind Führungsthemen. Sonja Werther schmunzelt. »Wenn ich mich auf die WBL beschränke. Dann könnte ich mit ihnen 15 Minuten in der Gruppe morgens sprechen. Das ist realistisch und messbar, denn die WBL werden es knapp dokumentieren. Das ist ja schon eine Art Besprechung.« Genau. Wenn Sonja Werther sich auf ihre direkten Mitarbeiter konzentriert, mit ihnen bei Arbeitsbeginn kurz 15 Minuten die neuesten Informationen bespricht, Aufgaben checkt, fragt und sagt, was an dem Tag anliegt und eine Rückmeldung zur Arbeitsleistung gibt, wären das gut investierte 15 Minuten. Nebenbei erhält Sonja Werther auch einen Eindruck davon, wie es ihren Mitarbeitern geht. Das wird sie schon bei der Begrüßung spüren.

Es wäre ein Ziel, das den Kriterien der SMART-Methode entspricht. Dabei steht SMART für die folgenden Merkmale:

- S = Spezifisch
- M = Messbar
- A = Anspruchsvoll und attraktiv
- R = Realistisch
- T = Terminiert

Im Fall von Sonja Werther bedeutet das:

- S = Spezifisch → Eine 15-minütige morgendliche Runde, z. B. im Büro, ist einzuführen. Das ist sehr konkret, also spezifisch.
- M = Messbar → Diese Runde findet regelmäßig statt und ist damit messbar. Zudem wird sie vielleicht auch dokumentiert, also in Stichworten festgehalten.
- A = Anspruchsvoll und attraktiv → Die Durchführung der morgendlichen Runde ist anspruchsvoll, da alle WBL ihren Tagesablauf entsprechend einrichten. Sie ist attraktiv, da so ein besserer Informationsfluss gewährleistet ist, Probleme schneller gelöst werden können und es Wertschätzung für die Arbeit gibt.
- R = Realistisch → Diese Runde hält Sonja Werther für realistisch, d. h. machbar. Natürlich müssen in den ersten ein bis zwei Wochen Erfahrungen gesammelt werden, da es eine Veränderung im Tagesablauf bedeutet. Sonja Werther hatte im Vorfeld mit ihren WBL gesprochen – alle wollen es probieren.
- T = Terminiert → Ab nächster Woche soll gestartet werden.

Übrigens: Ein Ergebnis von Mitarbeiterbefragungen ist häufig, dass Mitarbeiter sich über den geringen Kontakt ihrer Führungskräfte zu ihnen beklagen. Ich begleite häufig Maßnahmen-Workshops im Anschluss an Mitarbeiter-Befragungen und habe einige Male das morgendliche Ritual, einander zu begrüßen, festgehalten.

Meine Erkenntnis daraus: Die Mitarbeiter möchten wahrgenommen werden. Als Menschen und in ihrer Leistung. Wenn Mitarbeiter kurz berichten, wie der gestrige Tag lief, was gut war und wo es Probleme gab, hat die Führungskraft eine komplette Übersicht über die Situation und die Menschen in ihrem Team.

Die Struktur eines solchen fixen Termins könnte so aussehen:

1. Rückblick auf gestern: Mitarbeiter berichten kurz. Was lief gut, wo gab es Probleme und wie wurden sie gelöst?
2. Was liegt heute an: Mitarbeiter berichten kurz. Führungskraft gibt aktuelle Informationen weiter.
3. Welche Fragen gibt es: Manche Themen brauchen noch Klärung und Zeit. Die werden terminiert.

Tagtäglich der immer der gleiche Ablauf? Ist das wirklich nötig, werden Sie vielleicht fragen. Manchmal gibt es einfach nichts zu besprechen. Es läuft halt. Und: Wäre es nicht auch gut, wenn Sie an dieser Stelle ein Lob anbringen würden? Schauen wir auf die Vorteile dieser strukturierten Vorgehensweise:

- Sie erhalten einen Überblick – sowohl über den Stand der Wohnbereiche wie über die Situation, in der sich Ihre Mitarbeiter befinden.
- Sie sind in Kontakt mit Ihren direkten Mitarbeitern und interessieren sich für deren Arbeit. Sie halten damit eine Balance zwischen dem fachlichen Blick und der Beziehungsqualität. Der Erfolg Ihrer Führungstätigkeit ist abhängig davon, wie gut Ihre Beziehungen zu den einzelnen Mitarbeitern sind. Beziehungen brauchen Interesse und Zeit.
- Mitarbeiter wertschätzen auch die eigene tägliche Leistung, denn es läuft auch immer etwas gut. Seien Sie also nicht problemfokussiert, sondern schätzen Sie auch die tagtäglichen Erfolge.
- Mitarbeiter erhalten direktes Feedback von Ihnen. Täglich. Damit können sie ihre eigene Leistung gut einschätzen.
- Sie kennen durch diese Runden sehr genau alle Stärken und Schwächen Ihrer Mitarbeiter. Dies ist auch eine gute inhaltliche Basis für die jährlichen Leistungsbeurteilungen.
- Ihre Mitarbeiter wissen, dass ihre PDL täglich zu einer bestimmten Zeit ansprechbar ist. Damit reduzieren sich unverhoffte und ungeplante Fragen und Besuche.
- Sie erhalten die anstehenden Themen des Tages mitgeteilt und können diese in Ihren Tages-/Wochenablauf einplanen.

Mit diesen täglichen 15 Minuten steuern Sie Ihre Führungsarbeit. Hier sind Sie aktiv bestimmend unterwegs. Von hier aus steuern Sie den gesamten Tag und versuchen so lange wie möglich das Steuerrad in der Hand zu behalten.

Nehmen Sie die ersten 10–15 Minuten des Tages für sich und geben Sie dann Ihren Mitarbeitern 15 Minuten:

- Zuerst nehmen Sie sich die 10–15 Minuten in Ruhe Zeit für sich, stimmen sich (lächelnd) auf den Tag ein und klären Ihre Prioritäten des Tages (▸ Kap. 2.1).
- In den 15 Minuten der Besprechung sind Sie in Kontakt zu Ihren Mitarbeitern, gestalten Beziehung und erhalten einen Überblick über die Arbeitsleistung, verteilen Aufgaben, entscheiden Anliegen und informieren (s. Beispiel).

Fazit **2 x 15 Minuten ...**

In diesen 30 Minuten sind bereits Ihre Kerntätigkeiten der Führungsarbeit enthalten!

2.3 Erfolgsfaktor Selbstführung – Warum Sie mit sich selbst gut umgehen müssen

Wer in der Altenpflege arbeitet, sieht meist in der Arbeit einen hohen Sinn und zieht Befriedigung daraus, Menschen am Ende ihres Lebens eine würdevolle und gut umsorgte Zeit zu schenken. Alle Mitarbeitenden versuchen Bewohnern ihrer Einrichtung die Fürsorge und Empathie zu geben, die sie sich selbst später einmal wünschen. Das Lebensende eines Menschen bewusst zu gestalten, ist eine gesellschaftliche und humane Aufgabe, die Bestätigung und Befriedigung geben kann.

Die Gefahr, wie in allen sozialen Berufen ist es allerdings auch, andere wichtiger zu nehmen als sich selbst. Soziale Berufe geben und in diesem Geben werden die eigenen Bedürfnisse oft übersehen. Auf die Dauer führt diese Haltung zu innerer Unzufriedenheit und im schlimmsten Fall zum Burnout.

Es geht aber auch anders: Widmen Sie sich jeden Tag ein paar Minuten sich selbst. Auch das ist Führungsarbeit. Je wertschätzender Sie mit sich umgehen, desto wertschätzender werden Sie auch Ihre Mitarbeiter behandeln. Bedenken Sie: Sie wollen jeden Tag wissen, wie es Ihren Mitarbeitern geht. Also reservieren Sie sich auch jeden Tag Zeit für sich selbst. Ein Anfang wäre es, wenn Sie einmal auf die Ressourcen schauen, die Sie haben. Auch diese Minuten sind aktive Führungsarbeit – Sie führen sich selbst, indem Sie schauen, was Sie brauchen, was Ihnen guttut, was Sie vielleicht verändern müssen.

2.3.1 Sie sind der wichtigste Mensch in Ihrem Leben

Ein ungewohnter Gedanke? Zu egoistisch? Dann ist dieses Kapitel für Sie von zentraler Bedeutung. Ihr Leben leben Sie für sich. Für niemanden sonst. Um ein gutes Leben zu leben und sich nicht von anderen »leben zu lassen«, ist es wichtig, dies auch zu **wollen**. Wollen Sie, dass es Ihnen gut geht, dass Sie in einer ausgewogenen Balance leben und Phasen haben, in denen Sie glücklich sind? Wollen Sie es wirklich? Wollen Sie es, weil Sie selbst der wichtigste Mensch in Ihrem Leben sind?

Dieser Wille ist das A und O, um glücklich zu werden. Mit diesem Willen suchen Sie die Wege zu mehr innerer Zufriedenheit und Glück. Wenn Sie das wollen, fallen Ihnen auch die Möglichkeiten auf, die sich »zufällig« ergeben ... z. B. die Parkbank auf dem Weg nach Hause, die Sie einlädt, für fünf Minuten die Sonne zu genießen. Häufig warten wir darauf, dass uns andere glücklich machen. Das geschieht natürlich auch, ist aber nicht sehr verlässlich. Der Weg zu mehr innerer Zufriedenheit ist der eigene Weg. Wir sind in erster Linie für uns selbst verantwortlich. Es ist also eine bewusste Entscheidung, sich für den wichtigsten Menschen zu halten. Eine Entscheidung, die

Einfluss auf Ihren Umgang mit der Zeit hat und wie Sie die verbleibende Zeit eines Tages oder sogar Ihres Lebens für sich nutzen.

Ich möchte noch einmal zurückkommen auf die vier Jetons Ihres Spielbankbesuches – vier Jetons an freier Zeiteinteilung (▸ Kap. 2.1). Es sind diese Jetons der freien Zeit, die für Ihre Lebensqualität von entscheidender Bedeutung sind. Diese vier Jetons verwenden Sie für Zeiten, die Ihre Lebenszufriedenheit ausmachen, die Ihnen die Energie zurückbringen, die Sie auf der Arbeit gelassen haben. Es sind Jetons, die Ihnen am Ende des Tages das Gefühl geben: »Das war ein guter Tag.« Wenn Sie Familienmensch sind, werden Sie aus der Zugehörigkeit zur Familie Kraft schöpfen. Wenn Sie Single sind, werden Sie Ihre Bedürfnisse wachsam wahrnehmen und in Hobbys und Freundschaften ihre Erfüllung finden.

Übung

Energie auftanken

Schreiben Sie mindestens 20 Dinge auf, die Sie gerne tun, z. B. Gartenarbeit, Fahrrad fahren, Musikhören, gute Bücher lesen, Wandern, Freunde treffen usw. Tätigkeiten, die Ihnen verbrauchte Energie wieder zurückgeben. Tätigkeiten, die Ihnen den nötigen Abstand zum anstrengenden Arbeitstag geben, Tätigkeiten, die Ihnen helfen, die Reset-Taste zu drücken.

20 Dinge, das erscheint viel, aber genau das ist der tiefere Sinn dieser Übung. Gehen Sie in die Tiefe, suchen und finden Sie Ihre Energie Quellen – auch die kleinen! Nehmen Sie sich JEDEN Tag eine dieser Tätigkeiten vor, um Ihre Akkus wieder aufzuladen.

Wenn Sie sich selbst wichtig nehmen, fragen Sie sich auch, was Sie glücklich macht. Es beschäftigt aktuell viele Forscher, was Menschen glücklich macht. Letztlich kann dies nur jeder für sich klären. Ein paar Faktoren möchte ich Ihnen dennoch vorstellen.[10]

Gesundheit

Wenn wir sie haben, erscheint sie uns selbstverständlich und wir neigen dazu, uns nicht um sie zu kümmern. Sobald unsere Gesundheit verloren geht, reduziert sich unser Glücksgefühl radikal.

Unsere Gedanken drehen sich um die Pflege der Bewohner und damit um gesunderhaltende Maßnahmen. Wie steht es um aber um die eigenen Aktivitäten für sich?

[10] Vgl. Groth: 62 ff.

Genügend Schlaf, ausgewogene Ernährung, vielseitige Bewegung sind die Grundvoraussetzungen für einen gesunden Körper. Und vielleicht sind sie einen Jeton wert ...?

Selbstbestimmte Zeit

Die freie Zeit mit sich allein, ohne Termindruck, ist von sehr großem Erholungswert. Sich selbst in den Mittelpunkt stellen, den eigenen Bedürfnissen nachgehen, keine Erwartungen zu erfüllen, einfach einmal zur Ruhe kommen.

Führungskräften in der Pflege mangelt es häufig an solchen Zeiten. Nehmen wir das Beispiel von Sonja Werther: Mitte 50, PDL seit zehn Jahren, verheiratet, zwei erwachsene Kinder und vier Enkel. Ihre Enkel lieben die Oma und die Kinder sind dankbar für die Unterstützung der Großeltern. Der Alltag sieht so aus, dass Sona Werther neben Haus und Garten an drei Nachmittagen noch die Enkel bei sich hat. Sowohl Beruf- wie auch das Privatleben lebt sie mit großem Engagement. Und kommt sich irgendwie gehetzt vor ...

Vertiefte menschliche Kontakte

Unsere Bedürfnisse nach nährenden, menschlichen Kontakten, Geborgenheit, Unterstützung brauchen auch Aufmerksamkeit. Gibt es ein gutes Gleichgewicht in Ihren Kontakten? Erhalten Sie auch noch Nährendes, wo Sie doch in Ihrem Beruf so viel geben müssen?

Sinnvolle Tätigkeit

Es ist der Sinn in Ihrer Arbeit, der zum Glück beiträgt und Sie motiviert. Er sollte nie aus dem Blick geraten und sollte zwischendurch immer einmal gut hinterfragt werden. Macht Ihre Arbeit noch Sinn? Können Sie den Sinn noch sehen, trotz aller Unzulänglichkeiten? Geht Ihnen der Sinn verloren, ist der Weg zur inneren Kündigung schnell in Sicht. Energie und Glück schwinden.

Gefühl von Sicherheit

Das Gefühl von Sicherheit gibt Vertrauen ins Leben und stärkt. Fehlt diese Sicherheit, kommen wir schnell in Bedrängnis. Geldsorgen können zum Beispiel zutiefst unglücklich machen. Private Schicksalsschläge, hohe Investitionen, Schulden können einem den Schlaf rauben.

Übung

Glücksfaktoren – schätzen Sie sich selbst ein*
Überlegen Sie, wie es bei Ihnen um diese Faktoren steht:

- Sind Sie gesund? Wenn nein, was können Sie verstärkt tun, um gesunder zu werden?
- Verfügen Sie über selbstbestimmte Zeit? Was brauchen Sie an selbstbestimmter Zeit, was lässt sich realisieren?
- Welche vertieften menschlichen Kontakte haben Sie? Reichen sie Ihnen aus?
- Üben Sie grundsätzlich eine sinnvolle Tätigkeit aus?
- Haben Sie das Gefühl von Sicherheit in Ihrem Leben?

An welchem Thema wünschen Sie sich nach Beantwortung der Fragen eine Verbesserung?
Was kann ein nächster Schritt in Richtung dieser Verbesserung sein?

* vgl. auch Alexander Groth, Führungsstark in alle Richtungen, S. 62

2.4 Erfolgsfaktor Emotion – Warum Führung ohne Emotion unmöglich ist

Natürlich sind wir emotionale Menschen. Ohne Emotionen ist der Umgang mit Bewohnern nicht denkbar. In meinen Seminaren diskutieren wir häufig die Fähigkeit, in Führungssituationen sachlich und distanziert zu bleiben. Die Führungskraft, die sich »gehen lässt« und die Geduld verliert, vor Ärger schäumt oder »in die Luft geht« – darf das sein? Sollte man nicht doch in Führungssituationen eher die Emotionen rausnehmen und souverän und cool bleiben? Die Crux ist: Wenn Sie versuchen, Ihre eigene Gefühle abzuschalten oder wegzudrücken (wer das ordentlich übt, dem wird es auf die Dauer auch gelingen), verlieren Sie auch das Gefühl für andere. Und damit verlieren Sie eine wesentliche Eigenschaft, die soziale Kompetenz.

Es geht also mehr um die Steuerung der eigenen Gefühle. Dazu müssen Sie das gesamte Spektrum Ihrer eigenen Gefühle wahr- und annehmen. Erst wenn Sie einen Zugang zu Ihren eigenen Gefühlen haben, können Sie die Gefühle auch in Ihrem Sinne einsetzen.

Führungskräften ist es peinlich, wenn sie vor Zorn und Ärger in die Luft gehen. Wutanfälle bei Führungskräften werden in der Hierarchie einer Organisation bis nach unten weiter erzählt. Jeder in der Einrichtung wird informiert sein, wenn die Einrichtungsleitung »ausrastet« und einen Mitarbeiter »zusammenstaucht«.

Es geht auch nicht darum, dass Sie Ihren Gefühlen unkontrolliert Luft machen. Ziel ist es, Gefühle wie Ärger und Frustration in etwas Konstruktives umzuwandeln. Andererseits gilt auch: Gerade wenn Sie unkontrolliert handeln und Dinge sagen, die Sie hinterher bereuen, gibt es immer die Möglichkeit sich zu entschuldigen. Mitarbeiter wissen, was Führungskräfte um die Ohren haben. Sie wissen, dass auch Führungskräfte sich nicht immer im Griff haben. Wer sich im Nachhinein entschuldigt, zeigt auch Größe und Souveränität, gesteht die eigene Fehlbarkeit ein.

Das Spektrum an Gefühlen, zu denen wir fähig sind, ist breit, und jeder emotionale Zustand hat Vor- und Nachteile. Da gilt auch für die Wut, obwohl sie negativ gesehen wird. Fühlen wir Wut, sind wir aber ganz bei uns, spüren eine Kraft gegen jemanden oder gegen etwas und sind auf einem hohen Energielevel. In Wut steckt Leben; sie ist ein wichtiger Wegweiser. Sie stärkt unser Selbstwertgefühl und mobilisiert uns, wenn auch vielleicht zum Nachteil anderer. Wobei ich hier Wut nicht als Hasstirade, Häme oder Schimpferei verstehe. Klare Wut, weil etwas schief gelaufen ist, was eigentlich hätte gutlaufen müssen, ist angebracht, um zu zeigen, was wir verändern sollten.

Wir werden immer mit unseren Gefühlen umgehen müssen, weil wir sie einfach nicht abschalten können. Die Kunst ist es, sie zu deuten ... Was wollen sie uns sagen?

2.4.1 Emotionen und Führung

Emotionen sind Gemütsbewegungen, die unsere Aufmerksamkeit direkt steuern und sich im Körper in Gedanken, Bildern und Verhalten ausdrücken. Sie waren im Laufe der Evolution nützlich, um blitzschnell Gefahren zu erkennen und entsprechend zu handeln. Ein gutes Beispiel für dieses Alarmsystem ist ein Spaziergang im Wald und das eigene panische Erschrecken beim vermeintlichen Anblick einer Schlange. Wir nehmen einen länglichen gebogenen Gegenstand wahr und reagieren blitzschnell mit Erschrecken, Panik, Starre. Erst im zweiten Moment kombiniert unser Verstand aus der Bewegungslosigkeit und den Astlöchern, dass es sich nicht um eine Schlange, sondern um einen leicht gebogenen Ast handelt, der durchaus optische Ähnlichkeiten hat.

Wir kennen solche Situationen alle: Wir sehen etwas, blitzschnell entsteht ein alarmierendes Gefühl dazu, und erst langsam bringt unser Verstand einzelne Fakten zusammen, kombiniert, zieht Schlussfolgerungen und gibt Entwarnung. Sie kennen vielleicht dann auch das Kopfschütteln und die abwertenden Kommentare anderer wie »Du siehst ja Gespenster«.

Anstatt unser hochkomplexes System zu bewundern, das uns auf diese Weise warnt, werden unsere Emotionen oft belächelt. Dabei könnte es letztlich ja doch eine Schlange gewesen sein ...

Sie kennen auch die unterschiedlichen Wahrnehmungsgrade bei Menschen. Es gibt Menschen, die ganz schnell Gefahren spüren, ohne die Fakten abzuwarten. Jede/r hat sein individuelles Wahrnehmungssystem. Es kommt darauf an, dieses System zu kennen, zu verstehen und anzunehmen. Es geht darum, Fähigkeiten zu entwickeln, die wir brauchen, um uns zu beruhigen, um mit Schrecken und Ärger umzugehen. Nicht nur beim Spaziergang im Wald, sondern auch im beruflichen Führungsalltag. Überwinden Sie Enttäuschungen, Ärger und Kränkungen und meistern Sie belastende Situationen.

Als Führungskraft sollten Sie Freude am Beruf haben, Ihre Balance zwischen Wollen und Müssen sollte ausgeglichen sein. Eine illusorische Vorstellung, meinen Sie? Zu schön, um wahr zu sein? Wir wagen hier den Versuch, es Ihnen leichter zu machen.

Tiefe Emotionen lassen sich bedingt kognitiv steuern. Sie bewegen sich auf einer Ebene, die unser Verstand nicht unbedingt einsehen kann. Emotionen werden im Innenleben eines jeden Menschen unterschiedlich wahrgenommen. Wie Sie Ärger, Wut, Freude oder Liebe empfinden, ist ein Teil Ihrer persönlichen Gefühlswelt, die mit Ihren Bedürfnissen, Interessen und Erfahrungen verbunden ist. Unsere unbewussten Gefühle sind sehr viel schneller als unser Verstand, wir spüren sie innerhalb von 200 Millisekunden und das ist ein Grund, warum sie so schwer steuerbar sind. Es lässt sich aber mit ihnen umgehen, wenn Sie sich Ihre Emotionen bewusst machen und gut kennen.

Führen heißt auch Fühlen, nicht nur weil wir Menschen sind, sondern weil der Umgang mit Menschen Ihre Profession ist. Mit Mitarbeitern, Bewohnern, Angehörigen und Kollegen umzugehen ist emotionale Arbeit. Es ist die Arbeit an der Beziehungsqualität. Sie alle leben in diesem emotionalen Feld. Wenn es um Emotionen geht, besprechen wir in meinen Seminaren eher das »Zuviel« an Emotionen, nicht das »Zuwenig«. Es ist das »Zuviel«, das belastet und schwer zu steuern ist. Sowohl bei Ihnen selbst als auch bei den Mitarbeitern. Und da sind wir bei einem sehr klassischen Führungsthema: dem Umgang mit Emotionen im Führungsalltag. Die Fragen, die in meinen Seminaren häufig gestellt werden, sind:

- Wie gehe ich mit meinen eigenen Emotionen um?
- Wie gehe ich mit den Emotionen meiner Mitarbeiter um?
- Wie kann ich die negativen Emotionen verändern?
- Wie kann ich Einfluss nehmen auf meine Einrichtungsleitung, wenn das Verhältnis mich emotional belastet?

- Wie kann ich bei all der Emotionalität auch noch die Leistung sichern und damit den ökonomischen Erfolg der Einrichtung gewährleisten?
- Wie gehe ich mit der Emotionalität der Angehörigen um, die immer höhere Ansprüche stellen und damit meine Mitarbeiter manchmal überfordern?

Als Führungskraft erwartet man von Ihnen, dass Sie Ihre Gefühle »im Griff« haben. Dies ist leichter gesagt als getan. Die Arbeitsdichte, Zeitknappheit, Personalmangel machen Ihren Arbeitsalltag zu einer echten Herausforderung. Disziplin und Kontrolle reichen oft nicht aus und sind zudem noch anstrengend obendrein, kosten zusätzliche Energie. Und genau das soll es ja nicht sein. Hier geht es eher um Strategien, die Energie sparen und langfristig erleichternd auf den Führungsalltag wirken.

Die Frage ist, wie Sie Ihre Gefühle in den Führungsalltag integrieren? Und nicht, wie »drücken Sie sie weg«? Denn wir brauchen sie, um einander und uns selbst zu verstehen.

Ich folge dabei dem Ansatz des Züricher-Ressourcen-Modells von Maja Storch, die im Umgang mit Gefühlen eher zur ausgleichenden Selbstregulation statt zur strangulierenden Selbstkontrolle rät.[11] Selbstkontrolle wird dabei verstanden als ein Akt, ständig gegen die eigenen Gefühle und Bedürfnisse zu arbeiten. Die Gefühle werden dabei bildlich »an die Kette gelegt«. Diese Art von ständiger Selbstkontrolle kann nicht glücklich machen, wenn sie permanent gelebt wird.

Gefühle lassen sich auf Dauer nicht ohne Folgen bändigen. Natürlich müssen wir manches mit einer vernünftigen Disziplin umsetzen, auch wenn wir uns nicht danach fühlen. Wir gehen zu ärztlichen Vorsorgeuntersuchungen, auch wenn wir keine Lust dazu haben: Wir sitzen verkrampft im Zahnarztstuhl und lassen die Zahnreinigung über uns ergehen, machen unsere Steuererklärung nur widerwillig etc. Nein, das Leben ist kein Wunschkonzert. Die Pflegedokumentation ist ein Muss und keine reine Freude. Es braucht aber eine gesunde Balance zwischen Pflicht und Freude und die gilt es zu erarbeiten.

Statt die Emotionen einer Kontrolle zu unterziehen, geht es eher darum, ein ausgeglichenes Verhältnis zu finden. Selbstregulation bedeutet einen guten Umgang zu sich selbst zu finden, denn Ihre Emotionen und auch die Emotionen Ihrer Mitarbeiter haben eine Ursache, einen Grund, haben mit der Person und ihren gemachten Erfahrungen zu tun. Unsere Emotionen beruhen sozusagen auf unserem erlebten Langzeitgedächtnis. Irgendwann, irgendwo haben wir diese Erfahrungen gemacht und

11 Ebd.

deshalb fühlen wir so. Es gilt, die Emotionen also zu respektieren – auch die negativen. Einen Ausgleich schaffen, indem wir uns selbst regulieren statt strangulieren.

Eine Balance erreichen Sie, indem Sie
1. sich Ihrer eigenen Emotionen wertschätzend bewusst werden und
2. Veränderungen aktiv angehen.

Zum ersten Punkt eine Übung, ein kurzer Check-Up Ihrer Gefühle. Wie haben Sie sich in den letzten zwei Wochen gefühlt? Welche Gefühle waren für Sie bestärkend, welche energieraubend? Welche würden Sie gern genauer anschauen, um vielleicht Veränderungen auf den Weg zu bringen? Wie sieht Ihre Zweiwochenbilanz aus? Haben verstärkt negative oder positive Emotionen Ihren Gefühlsalltag bestimmt? Oder waren Sie ausbalanciert unterwegs? Tragen Sie Ihre Bilanz in die folgende Tabelle (▸ Tab. 8) ein.

Lesen Sie bitte jedes Gefühl in der linken Spalte und tragen dann in die Skala daneben die Intensität Ihrer Gefühle in Zahlenwerten von 1–5 in die weißen Felder ein. 1 steht für gar nicht verspürt und 5 für äußerst. Die Buchstabenkürzel in der Tabelle rechts davon geben Aufschluss über die Skalenzugehörigkeit (PA = positiver Affekt (Emotion), NA = negativer Affekt (Emotion). Anhand der Mittelwerte können Sie erkennen, ob Sie insgesamt eher in positiver oder negativer Gefühlslage waren.

Tab. 8: Check-up zur Stimmungslage. Wie haben Sie sich in den vergangenen zwei Wochen gefühlt?*

Gefühl	gar nicht = 1	ein bisschen =2	einigermaßen =3	erheblich =4	äußerst =5	Wert PA (positive/r Affekt/Emotion)	Wert NA (negative/r Affekt/Emotion)
angeregt							
ängstlich							
wach							
freudig erregt							
verärgert							
begeistert							
erschrocken							
bekümmert							

Gefühl	gar nicht = 1	ein bisschen =2	einigermaßen =3	erheblich =4	äußerst =5	Wert PA (positive/r Affekt/Emotion)	Wert NA (negative/r Affekt/Emotion)
entschlossen							
nervös							
aktiv							
interessiert							
schuldig							
aufmerksam							
feindselig							
stolz							
gereizt							
beschämt							
durcheinander							
stark							
Mittelwert							
Mittelwert							

* Quellen: Watson D. & Clark LA (1988): Development and Validation of Brief Measures of Positive and Negative Affect: The PANAS Scales. In: Journal of Personality and Social Psychology, 54/6: 1063–1070. Übersetzung: Krohne HW, Egloff B, Kohlmann C-W & Tausch A (1996): Untersuchungen mit einer deutschen Form der Positive und Negative Schedule (PANAS). In: Diagnostica 42: 139–156
Blickhan D (2015): Handout Positive Psychologie – Level 1: 15. Freisler S: 148 f.

Dies ist eine Übung, die Sie gut immer wieder anwenden können, um die Veränderungen Ihrer Emotionen zu sehen. Sie können die emotionale Lage vielleicht mit bestimmten Ereignissen verknüpfen und bei Bedarf, sich darauf einstellen und gegensteuern.

Sollten Sie eine Veränderung wünschen, kommt es darauf an, wie stark der Wunsch der Veränderung ist. Wie hoch ist Ihre Motivation zur Veränderung? Je nachdem, wie tief und andauernd Ihre emotionale Handlungsweise ist, umso mehr Geduld und Mut erfordert eine Veränderung. Beginnen wir stufenweise! Denn es gilt drei Ebenen zu erklimmen:

1. Verhaltensebene
2. Ergebnisebene
3. die innere Haltung

Es gibt eine klassische Motivationsgeschichte, die gut diese drei Ebenen beschreibt. Um eine Veränderung einzuleiten, können alle drei Ebenen von Belang sein: Einmal ging ein Mann auf einer verstaubten Straße seines Weges. Er entdeckt drei Maurer, die alle das Gleiche taten, sie schichteten fleißig Stein auf Stein. Er fragte alle drei, was sie da taten. »Das sehen Sie doch«, sagte der erste Mann. »Ich bearbeite Steine.« Und der zweite sagte: »Na, ich errichte eine Mauer.« Der dritte Maurer antwortete stolz: »Ich baue eine Kathedrale.«

Welche Bedeutung könnte diese Geschichte für die eigene Motivation haben? Was ist Ihre Kathedrale, an deren Errichtung Sie mitwirken? Wie können Sie Ihren Mitarbeitern vermitteln, an welcher Kathedrale sie gemeinsam bauen?

Wenn Sie sich in die Geschichte einfühlen, spüren Sie die unterschiedliche Motivationskraft, die Unterschiede in der Herausforderung und der Sichtweise.

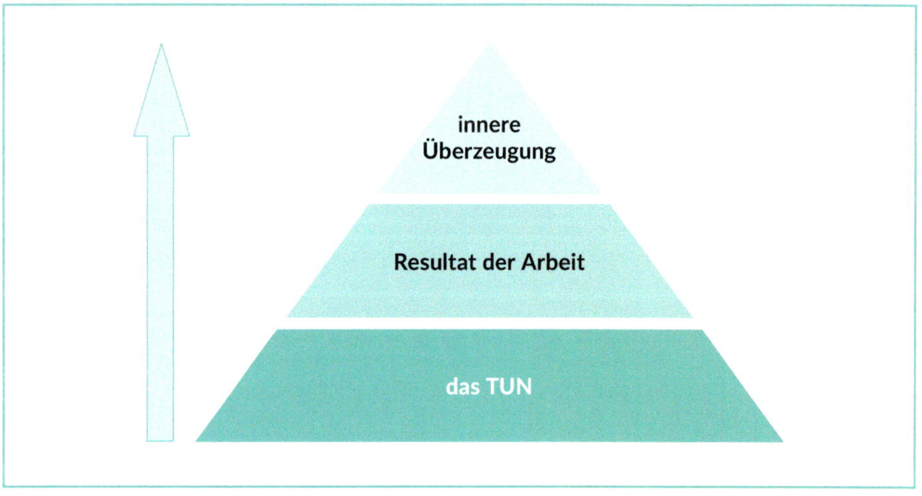

Abb. 3: Ziele und Motivation [12]

[12] Vgl. Storch M (2017): 147

Die Motivation wird größer, je weiter wir in der Pyramide nach oben gehen. Die Antwort des ersten Mannes, der »Steine bearbeitet«, bezieht sich auf die Verhaltensebene, auf die Präzision und Sachlichkeit seines Tuns. Die Antwort des Mannes, der an einer Mauer arbeitet, bezieht sich auf das Resultat seiner Arbeit, die Ergebnisebene. Die Antwort des dritten Mannes, dass er an einer Kathedrale arbeitet, weist auf die innere Motivation, die Überzeugung und starke Gefühle hin.

Steine zu bearbeiten mag pragmatisch sein. Eine Mauer zu bauen kann die Zufriedenheit schon sehr erhöhen. Doch das Ergebnis ist erst dann verlockend und attraktiv, wenn die Mauer Teil einer Kathedrale ist. Erst auf dieser Ebene sind Ihre eigenen Überzeugungen und Werte gefragt. Hier bekommen Sie die Antwort darauf, ob sich die Veränderung lohnt, hier finden Sie den Sinn, der hinter der Veränderung steht.

Auf welcher Ebene Sie sich bewegen wollen, entscheiden Sie selbst. In diesem Buch möchte ich mit Ihnen die ersten beiden Ebenen beschreiten, wohlwissend, dass die dritte Ebene am meisten Zugkraft, sprich: Motivation, erhält.

Beispiel

PDL Anja Wolter* merkt, dass in den morgendlichen Übergabegesprächen nicht alle Informationen an sie weitergegeben werden, die sie gern hätte. Sie ärgert sich darüber, zweifelt am Vertrauen ihrer Mitarbeiter, regt sich über die geringe Weitsicht auf, spricht ihren Ärger aber nicht aus. Stattdessen fragt sie intensiver, »bohrt nach«, ob sie auch alle Informationen erhalten hat.
Ihr Misstrauen gegenüber den Mitarbeitern wächst. Und mit dem Misstrauen verändert sich ihre Haltung den Mitarbeitern gegenüber. Sie merkt, dass sie immer mehr kontrolliert und findet das selbst schrecklich. So wollte sie als Führungskraft nie sein.
Anja Wolter ist es nicht gewohnt, ihren Ärger und ihre Zweifel konstruktiv anzusprechen. Sie hat in Ihrer Ausbildung immer wieder erfahren, dass sie ihre Lehrer damit nervte. Doch diese Erfahrung von damals ist nun schädlich. Sie ist keine »nervende« Auszubildende mehr, sondern Führungskraft, die auf die Informationen ihrer Mitarbeiter dringend angewiesen ist.
Auf der Verhaltensebene nimmt sie sich vor, schon leichte Anzeichen von Zweifeln und Ärger ernst zu nehmen. Sie will sie aussprechen lernen. Als ersten Schritt spricht sie mit ihrer Stellvertretung über ihre Zweifel und ihren Ärger. Ihre Stellvertretung kann die Zweifel nachvollziehen und weist darauf hin, dass die Zeit in der Übergabe immer so kurz sei. So falle manches bedauernswerterweise unter den Tisch. Anja Wolter weiß nun: Sie bildet sich da nichts ein, Informationen werden tatsächlich nicht vollständig weitergegeben. Aber das geschieht nicht aus bösem Willen, sondern ist dem Zeitdruck geschuldet.

Bei der nächsten Übergabe spricht Anja ihre Mitarbeiter direkt an: Sie fasst zusammen, welche Information für sie wichtig sind und A-Priorität haben. Sie berichtet anhand eines konkreten Beispiels, was geschehen ist, weil ihr bestimmte Informationen fehlten. Zum Schluss steht sie auch zu ihrem Ärger und spricht über ihre Wünsche, wie es in Zukunft sein soll. Sie wird ihre Mitarbeiter immer wieder über ihre Prioritäten informieren. Nur so kann sie die nötigen Informationen erhalten. Das Ergebnis dieser Runde ist, dass sich die Mitarbeiter von nun an im Alltag Notizen machen, um wichtige Informationen in der Besprechung weiter zu geben. Das Ergebnis ist eine verbesserte Kommunikation und Informationsweiterleitung.
Auf der Haltungsebene spürt Anja Wolter, dass sie ihrem eigenen Idealbild einer Führungskraft näherkommt. Transparenz ist einer ihrer Werte. Sie wünscht sich Offenheit und Vertrauen ihrer Mitarbeiter. Dies erreicht sie, indem sie selber offen ihre Wünsche und Unzufriedenheit äußert. Auf dieser Ebene kann sie nun auch den Sinn von Informationen deutlich machen. Anja Wolter erläutert den großen Bogen, im Sinne von »Wozu machen wir das?«.

* Der Name ist frei erfunden. Jede Ähnlichkeit mit einer lebenden oder verstorbenen Person wäre rein zufällig.

2.4.2 Umgang mit den Emotionen der Mitarbeiter

»Wie gehe ich mit schwierigen Mitarbeitern um?« – Das ist die Frage, die ich in meinen Seminaren am allerhäufigsten höre. Fast immer verbirgt sich dahinter ein emotionales Verhalten, dem die Führungskraft ratlos gegenüber steht. Es geht um Weinen, Kaltblütigkeit, Ignoranz, Angst, Lügen, Demotivation, Widerstand. Es sind Beschreibungen, bei denen nicht immer deutlich wird, wer eigentlich die Emotionen hat. Ist es der Mitarbeiter oder die Führungskraft? Es sind meist Beschreibungen, die eine Wertung beinhalten.

Meine erste Empfehlung ist daher, diese Wertung aus der Beschreibung zu entfernen. Als erfahrene Führungskraft haben Sie sicherlich Ihre Vorgehensweise, wenn Mitarbeiter in den eigenen Gefühlslagen gefangen sind. Bei negativen Gefühlen wie Angst oder Trauer ist Ihr Empathievermögen gefordert. Ich habe in einer Tabelle versucht, den Umgang mit Grundgefühlen zu beschreiben. Im Kapitel »Mitarbeitergespräche führen« (▸ Kap. 4.9) werde ich auf die Gesprächsführung in solchen Situationen eingehen

Zunächst sollten Sie bei diesem Thema zwischen den Gefühlen trennen, die die Mitarbeiter haben, und jenen Gefühlen, die Sie als Führungskraft spüren oder die bei Ihnen ausgelöst werden. Die Frage lautet: Wer hat hier welches Gefühl? Bin ich als Führungskraft gerade mit meinen eigenen Empfindungen unterwegs? Der Mitarbeiter, der lügt, hat vielleicht Angst, der »Kaltblütige« verspürt vielleicht Wut.

Tab. 9: Umgang mit den Emotionen der Mitarbeiter

Emotion	Erklärung	Vorgehen in der Kommunikation	Kompetenz
Ärger	Unzufriedenheit, Enttäuschung über eine unangenehme Situation. Sich angegriffen und verletzt fühlen. Bis sich Ärger beruhigt, braucht es Zeit und Geduld. Möglicherweise ist erst einmal eine Pause sinnvoll, um Abstand zu bekommen.	• Erst einmal den Ärger benennen lassen. Was ist passiert? • Den Grund für den Ärger verstehen, also aktiv Zuhören und Fragen stellen. • Wenn im Erzählen der Ärgerpegel langsam abnimmt, die Forderung, die meist hinter dem Ärger steckt, durch einen Wunsch ersetzen: »Was wünschst Du Dir von der Person, wie sollte die Situation aussehen?« – »Ich wünschte mir, dass …« (Daraus könnte ein nächster Schritt entstehen.)	• Empathiefähigkeit • lösungsorientiert fragen • Bedürfnisse erkennen und in Wünsche wandeln
Wut	Wut ist heftiger als der Ärger und schwerer zu beherrschen. Wut ist eines der Grundgefühle – immer wieder werden wir auch mal Wut empfinden. Wer allerdings häufiger in Wut gerät, ist vielleicht weniger imstande sich selbst zu steuern. Und das kann Führungskräfte aufmerksam werden lassen, denn alle Mitarbeiter gehen mit Bewohnern um, die letztlich auf die Hilfe angewiesen sind und keinen Wutattacken ausgesetzt sein sollten. Aggression ist ein nicht so recht anerkanntes Gefühl, wird gesellschaftlich eher als unangemessen gesehen. Sicherlich sind gerade die unterdrückten Wutgefühle in der Pflege wichtig zu erkennen. Überall, wo Überforderung, hohe Arbeitsdichte und wenig Personal eine angespannte Arbeitsatmosphäre erzeugt, kann Wut entstehen. Dahinter steckt eine Botschaft, die es zu hören gilt. Es sind nie die anderen, die wütend machen, sondern die eigenen unerfüllte Bedürfnisse. Häufig steht dahinter ein niedriger Selbstwert. Vieles	• Als Führungskraft sich erst einmal einen guten Schutzmantel umlegen. Eine Art Ostfriesen-Jacke, die gegen das Gewitter schützt und einen ruhig bleiben lässt. Dem Mitarbeiter eine kleine Verschnaufpause empfehlen, nach draußen gehen und bis Zehn zählen. • Das Unterdrücken der Wut ist mindestens so ungesund, wie sie zu sehr auszuleben. Wut will also nicht unterdrückt, sondern als wichtiges Gefühl erkannt wird und in ihrer wichtige Funktion gesehen werden. • Botschaft erkennen: Was will die Wut sagen? Welche Grenze wurde überschritten? • Wut transformieren: 1. »Warum sind Sie wütend?« 2. Forderung in Wünsche formulieren 3. Gedanken/Bewertung ändern 4. Skalierung: »Wie sehr möchten Sie sich ärgern?« Skalierung führt auf eine rationale Ebene, beruhigt 5. Die Wutauslöser aufschreiben lassen. So werden Gedanken klarer und die nächsten Schritte sichtbar.	• Erste Hilfe-Maßnahmen einleiten • Bedürfnisse erkennen • Verletzung sehen • Grenzen setzen • Feedback geben

Emotion	Erklärung	Vorgehen in der Kommunikation	Kompetenz
	wird als Angriff wahrgenommen. Wut gilt es also richtig zu nutzen und in seiner eigenen Funktion zu erkennen. Wut ist eine Emotion mit großer Energie, die häufig aus einem Gefühl der Verletzlichkeit entsteht.	• Erst einmal selbst ruhig und gelassen bleiben. • Aktives Zuhören und Fragen stellen, um die Auslöser zu erkennen.	
Trauer	Hinter der Trauer steht ein Verlust. Gefühle der Trauer zuzulassen ist ein notwendiger Bestandteil des Abschiednehmens und der Trauerarbeit, die Sie alle professionell beherrschen. Das Verlorene / den Verlorenen im Nachklang wertzuschätzen und zu würdigen bringt uns wieder Frieden.	• Was hat man verloren, was wird nicht wieder kommen? • Trauer-Rituale einführen • aktives Zuhören	Empathie
Scham	Scham ist ein großes Tabu-Thema – auch und gerade in der Pflege. Bewohner schämen sich aufgrund der nachlassenden Kräfte, Mitarbeiter schämen sich für Fehler, Grenzüberschreitungen oder intime Ereignisse. In der Regel wird dieses tiefe Gefühl aber nicht ausgesprochen. Scham braucht ein sehr verständnisvolles Vorgehen. Wenn sich jemand in seinen Schamgefühlen zeigt, hat er großes Vertrauen, sich so entblößt zu zeigen. Gleichzeitig ist mit dem offenen Gespräch auch schon ein wesentlicher Schritt getan, um der Scham zu begegnen. Scham löst sich auf, wenn man sich vertrauten Menschen mitteilt und auf Verständnis stößt. Des Weiteren lädt die Scham ein, liebevoll mit sich selbst umzugehen. Zu lernen, sich selbst zu verzeihen. Sich selbst in seiner Scham zu zeigen zeugt von Stärke. Empfehlenswert zu lesen hierzu: Brown B (2017): Verletzlichkeit macht stark. Goldmann Verlag, München.	• aktives Zuhören und Verstehen • »Mitschwingen« und nicht dagegen reden • Ein Miteinander-Teilen des Erzählten • Zeigen, dass man nicht allein ist mit der Scham, dass Sie sie auch gut kennen • für das Vertrauen bedanken	Empathie

Emotion	Erklärung	Vorgehen in der Kommunikation	Kompetenz
Angst	Ein urmenschliches Gefühl, das sehr bedrohlich sein kann. Hinter der Angst steht eine Botschaft. Sie kann hilfreich für die Lebensgestaltung sein, privat wie auch beruflich. Angst weist auf etwas hin.	• verstehen / aktives Zuhören • Ruhe ausstrahlen / nonverbale Signale • Ursachen erforschen • offen fragen • Angst »positiv übersetzen« – welche Botschaft steckt hinter der Angst?	• Empathie • Handlungs-orientierung
Freude	Jeder Mensch hat seine eigene Art, Freude zu zeigen. Gut ist, die eigenen Mitarbeiter so zu kennen, dass Anzeichen von Freude auch gesehen werden. Im Arbeitsalltag gibt es jede Menge Anlässe. Diese dürfen weiter betont werden.	• Rückmelden: »Ich sehe Ihnen an, dass Sie sich gerade sehr freuen. Das finde ich schön.« • mitfreuen • wertschätzen • teilen • sich erzählen lassen • eigene Aspekte daneben stellen	• Humor • Empathie • Optimismus

2

Jedes Mitarbeiter-Verhalten löst aber bei Ihnen als Führungskraft auch Gefühle aus. Zuerst also ist die Klärung wichtig: »Wer fühlt hier was?«

Zum Abschluss noch eine Provokation, die ich gerne ausspreche: Es gibt keine schwierigen Mitarbeiter! Es gibt aber sehr wohl Menschen, die uns etwas widerspiegeln.

Diesbezüglich lade ich Sie ein, die vier Spiegelgesetze von Christoph Thomann zu verinnerlichen:[13]

»1. Spiegelgesetz: Alles, was mich am anderen stört, ärgert, aufregt, in Wut geraten lässt und was ich anders haben will, habe ich selbst in mir (... und lehne es ab).

2. Spiegelgesetz: Alles, was der andere an mir kritisiert, bekämpft und verändern will und was mich verletzt und trifft, ist in mir noch nicht erlöst.

3. Spiegelgesetz: Alles, was der andere an mir kritisiert und mir vorwirft, anders haben will oder bekämpft, was mich aber nicht berührt, ist sein eigenes Bild, sein eigener Charakter, seine eigene Unzulänglichkeit, die er auf mich projiziert.

4. Spiegelgesetz: Alles, was mir am anderen gefällt, was ich an ihm liebe, bin ich selbst, habe ich selbst in mir und liebe dies im anderen. Ich erkenne mich selbst im anderen, wir sind in diesem Punkt gleich.«[14]

[13] Vgl. Thomann Ch: Klärungshilfe 2, Konflikte im Beruf.
[14] Schulz von Thun F & Thomann C (2004)

Unsere Wahrnehmung ist immer subjektiv. Was Sie als Führungskraft erleben, ist ein Teil Ihrer ganz persönlichen Innenwelt, Ihre Projektion. Je mehr Sie als Führungskraft aber darüber nachsinnen, warum jemand Sie ärgert, desto leichter fällt Ihnen die gesunde Distanz und Gelassenheit.

Es gibt viele Möglichkeiten, sich zu distanzieren. Die Distanz kann räumlich hergestellt werden oder auch mental. Hier drei Übungen, die Ihnen helfen, eine gedankliche Distanz herzustellen. Sie sehen hier drei zeitliche Varianten von Distanz-Übungen: 1 Minute, 3 Minuten und eine Adler-Perspektive, in der Sie selbst Ihre Flugzeit bestimmen.

Übung

One Minute Meditation®

Die Idee ist eine wunderbar einfache: Wir brauchen keine lange Ruhemeditationen, wir können in einer Minute kurz innehalten und tief durchatmen. Letztlich sagt uns das auch der gesunde Menschenverstand. Aus dieser Idee ist eine App und ein Buch entstanden. Die App »One Minute Meditation®« liebe ich schon allein wegen des Youtube-Videos.*
Sollten Sie sich mit der Idee gerne tiefer beschäftigen ist das Buch von Martin Boroson empfehlenswert. Seine Beschreibung ist sehr treffend: *«Du musst nicht erst in ein Retreat gehen, deinen Job kündigen oder zweimal täglich zwanzig Minuten meditieren. Ruhe und Frieden sind allgegenwärtig. Wie oft stehen wir im Stau, warten an der Kasse oder beim Arzt und verlieren wertvolle Lebenszeit?«*

Drei-Minuten-Meditation

Suchen Sie sich einen Ort, an dem Sie für drei Minuten ungestört sein werden. Stellen Sie sich eine Stoppuhr oder Wecker auf drei Minuten.
Beginnen Sie, indem sie eine für Sie angenehme sitzende Körperhaltung einnehmen. Nehmen Sie die Empfindungen in Ihrem Körper wahr, beginnend mit den Empfindungen im Gesichtsbereich, des Halses, der Schultern, der Arme und Hände des Brustkorbes und des Bauches. Nehmen Sie einfach die Empfindungen wahr wie sie sich zeigen, ohne etwas daran verändern zu wollen.
Spüren, was jetzt hier ist. Gedanken werden ständig kommen und gehen. Bleiben Sie einfach offen für das, was in diesem Moment auftaucht.
Richten Sie Ihre Aufmerksamkeit auf Ihre Atmung. Nehmen Sie jede Ein- und Ausatmung wahr. Versuchen Sie so gut wie möglich aufmerksam und wach zu sein für diesen Atemzug. Diesen Atemzug. Diesen Atemzug und diesen Atemzug.
Nun lassen Sie Ihre Aufmerksamkeit noch einmal auf die Empfindungen im ganzen Körper ausweiten. Nehmen Sie den ganzen Körper in seiner sitzenden Haltung mit seiner Atmung wahr. Forcieren Sie nicht oder führen irgendetwas herbei.

Vielleicht spüren Sie ein Gefühl der Weite und Ruhe und es Ihnen möglich, dieses Gefühl ein Stück in Ihren Alltag mitzunehmen!?

Die Vogelperspektive 2

Manchmal hilft es uns, die Dinge aus einer anderen Perspektive zu betrachten. Das schafft Distanz und bringt vielleicht sogar neue Erkenntnisse. Man sieht klarer und kann deutlicher sehen, was die Situation tatsächlich erfordert.
Und so geht's:

- Nehmen Sie eine bequeme Sitzhaltung ein und versuchen Sie, sich zu entspannen. Begeben Sie sich nun auf eine kleine Reise: Stellen Sie sich vor, dass Sie ein Vogel sind. Wählen Sie Ihren Vogel aus, es kann eine Möwe, ein Bussard oder vielleicht auch ein Fantasie-Vogel sein. Sie schwingen Ihre Flügel und steigen nach oben.
- Frei schwebend, getragen von der Luft, schauen Sie nach unten. Sie genießen das Gleiten in der Luft, die Schwerelosigkeit und schauen sich die Situation auf der Erde an.
- Was sehen Sie? Welche Personen können Sie wahrnehmen? Wie stellt sich die Situation dar? Wer ist dort unten zu sehen? Wie verhalten/verhält sich die Personen / die Person aus der Vogelperspektive aus betrachtet?
- Vielleicht möchten Sie mehr an das Geschehen ran oder sich davon distanzieren? Dann fliegen Sie näher oder höher …
- Welche Gefühle können Sie da unten in der Situation wahrnehmen?
- Lassen Sie sich Zeit, um zu spüren und wahrzunehmen.
- Achten Sie auf Ihre ersten auftauchende Impulse, was spüren Sie? Welche Gedanken und Gefühle tauchen auf? Bleiben Sie einen Moment bei jeder Person. Betrachten Sie auch die gesamte Situation aus Ihrer Vogelperspektive.
- Wenn Sie alles erfasst haben, nehmen Sie einen tiefen Atemzug und kehren Sie zurück.

Gönnen Sie sich eine kleine Pause und spüren nach: Was ist den Personen wichtig? Welche Bedürfnisse haben Sie wahrgenommen? Was täte den Personen gut? Was bräuchten sie, um etwas zu verändern?
Welche Erkenntnisse können Sie aus der Übung ziehen? Welche Impulse nehmen Sie aus der veränderten Perspektive mit? Wie verändert sich möglicherweise Ihre Sichtweise?

* Vgl. Kamphausen Media GmbH

3 Der Faktor Zeit oder: die 2 x 30-Minuten-Methode

Mitarbeiterführung ist Beziehungsarbeit. Beziehungen zu hegen und zu pflegen braucht Zeit. Ein Dilemma, denn die meisten meiner Teilnehmer haben keine konkrete Zeitvorstellung, wie viel Zeit sie tatsächlich für die tägliche Beziehungsarbeit aufwenden sollen. Natürlich sprengt jedes schwierige Mitarbeitergespräch unter vier Augen Ihr Energie- und Zeitvolumen und Sie hadern vielleicht wieder mit Ihrem knappen Zeitkontingent.

Mein Vorschlag für den Alltag ist, Ihre knappe Zeit strukturiert und konzentriert zu nutzen. Struktur und Beziehungsarbeit sind keine Gegensätze, sondern die Lösung: Sie suchen zu einer festgelegten Zeit (morgens) die Minuten zur eigenen inneren Ruhe und Konzentration (10–15 Minuten für sich selbst) (▸ Kap. 2.1) und gestalten aktiv den Kontakt zu Ihren Mitarbeitern (▸ Kap. 2.2). In dieser gestalteten Zeit (30 Minuten) haben Sie Ohren und Augen offen für Ihre Mitarbeiter und deren Belange. Das ist der Königsweg. Strukturieren Sie folgendermaßen:

- Nutzen Sie Morgenrunden, um die Beziehungsqualität zu optimieren.
- Nutzen Sie Besprechungen, um Informationen und Lösungen effizient und effektiv zu erarbeiten.
- Reservieren Sie Zeitkorridore für Ihre eigene Zeit.
- Versuchen Sie, auch ein schwieriges Mitarbeitergespräch in 20–30 Minuten zu führen.

3.1 Die Chance der Morgenrunde

Ob Sie für die Morgenrunde 15 oder 30 Minuten einkalkulieren, entscheiden natürlich Sie. Ich empfehle eine tägliche, kurze Runde (15 Minuten) und ein- bis zweimal im Monat eine längere Besprechung (ca. 30 Minuten). Die tägliche Morgenrunde von 15 Minuten bildet die Basis ihrer Führungsarbeit.

In Ihren Morgenrunden von 15 Minuten können Sie auch spielerisch mit der Zeit umgehen. Lassen Sie die Stoppuhr laufen, die nach fünfzehn Minuten klingelt. Bis dahin muss alles gesagt sein. Üben Sie sich in kurzen Gesprächen! Bei diesen täglichen fünfzehn Minuten werden über die Woche hinweg Ihre Mitarbeiter mehr aktuelle Informationen erhalten als in einer einstündigen Besprechung einmal wöchentlich.

Die Morgenrunde – bewusste Zeit für Ihre Mitarbeiter: 3

- Begrüßen Sie jeden Mitarbeiter, am besten mit Handschlag, weil es erst dann ein echter Kontakt ist.
- Mit dem ersten Blickkontakt können Sie in der Regel schon sehen, wie es Ihren Mitarbeitern geht.
- Eine Anmerkung oder Frage zum Vortag zeigt Ihr Interesse an der Arbeitsleistung – nicht nur fachlich, sondern auch persönlich.
- Hören Sie aktiv zu, bündeln Sie das Erzählte und strukturieren Sie es.
- Entscheiden Sie direkt, was zu tun ist. Wichtige Themen können entweder direkt geklärt werden oder aufgeschrieben und auf später verschoben werden.

Warum sind diese 15 Minuten bestens investiert:

- Menschen brauchen Kontakt zur direkten Führungskraft. Täglich. Wir sind alle soziale Wesen und leben in Beziehungen, beruflich wie privat.
- Der morgendliche Handschlag hat eine symbolische Wirkung für die Zusammenarbeit und vermittelt damit Kraft.
- Rituale fördern die Kommunikationskultur, geben Orientierung und ein Teamgefühl, sie sind ein Zeichen für Verbundenheit.
- Die Mitarbeiter wissen, dass Sie ihnen zuhören und Sie regelmäßig ansprechbar sind. Das strahlt Sicherheit und Zuverlässigkeit aus.
- Als Führungskraft erfahren Sie, was Ihre Mitarbeiter beschäftigt und kommen Themen zuvor. Sie merken, wie es Ihren Mitarbeitern geht und können erste Schritte einleiten.

All das tun Sie bereits? Dann hören Sie auf, sich Gedanken über die zu knappe Führungszeit zu machen! Sie erfüllen Ihr »Tagwerk« an Kontakt-Zeit bereits. Wenn ich als Führungskraft meine Mitarbeiter jeden Tag 15 Minuten in kleiner Runde sehe und spreche, habe ich eine Beziehung zu ihr. Ich weiß, wie es ihr geht, ich weiß, was gerade an Themen anliegt. Und genau dasselbe weiß sie von mir. Es sind diese 15 Minuten Kontaktzeit, die eine gute Basis bilden. Natürlich haben beide Parteien auch viele fachliche Themen zu besprechen und zu klären. Das wird immer auch mit hineinspielen. Deshalb gilt: In diesen 15 Minuten tun Sie etwas für Ihre Beziehung, eingebettet in einen fachlichen Rahmen. Sie sind in Kontakt. Und darauf kommt es an.

Zugegeben, solche Morgenrunden (die auch durchaus nachmittags stattfinden können), funktionieren nicht, wenn Sie sich 30 Mitarbeitern gegenüber sehen. Maximal drei bis vier Personen sind eher eine angemessene Größe. Das heißt also, Sie müssen ggf. die Teilnehmerzahl reduzieren und weitere Morgenrunden in den unterschiedlichen Ebenen ansetzen. Jede Ebene hat ihre eigene Runde. Wenn alle Ebenen eine solche Morgenrunde umsetzen, verringern sich die Informationslücken, fühlen sich Mitarbeiter gesehen und wertgeschätzt. Und es wird in Ihrem Haus eine positive Führungskultur etabliert, die folgendermaßen aussehen kann:

- Die Einrichtungsleitung trifft sich mit ein bis zwei Pflegedienstleitungen.
  (Meine Erfahrung ist, dass dies in den meisten Einrichtungen geschieht)
- Die Pflegedienstleitung trifft sich mit etwa drei bis vier Wohnbereichsleitungen.
  (Auch das geschieht noch häufig.)
- Die Wohnbereichsleitung trifft sich mit etwa drei Pflegefachkräften.
  (Das das höre ich schon seltener.)
- Die Pflegefachkräfte treffen sich mit etwa vier Pflegehilfskräften.
  (Eine Pflegefachkraft ist nicht in klassischer Führungsfunktion. Aber auch in dem Team kann eine Morgenrunde das Klima positiv gestalten).

Tipp

Wenn Sie mal nicht im Haus sind (Urlaub, Krankheit), kann Ihre Stellvertretung an diesem Tag einspringen. Verzichten Sie also nicht auf die Morgenrunde, nur weil Sie gelegentlich nicht im Haus sind. Ausnahmen bestätigen die Regel. Wenn die Regelmäßigkeit ab und zu unterbrochen wird, bleibt dennoch die Konstanz bestehen.

Problematisch kann es werden, wenn Sie die Mitarbeiter fragen, wie es ihnen geht. Manchmal bricht ein ganzer Schwall los und die 15 Minuten reichen bei Weitem nicht. Das kann vor allem dann passieren, wenn Emotionen lange zurückgehalten wurden oder gerade eine kritische Situation entstanden ist. Um eine schnelle Übersicht zu erhalten, wie es momentan in dem Team aussieht, können Sie die Ampelsprache nutzen. Einigen Sie sich auf ein »spielerisches« Ampelsystem:

- Grün = alles ist okay
- Gelb = mittlere Emotionen, es geht so ...
- Rot = heiße Emotionen, der Kessel brennt!

Ob Sie farbige Karten nehmen oder einfach abfragen – Sie erhalten so einen schnellen Überblick über die emotionale Lage und können sofort steuern. Es kann sein, dass Sie ein Einzelgespräch vereinbaren werden oder eine Teamsitzung werden, die zu terminieren ist. Das Ampelsystem hat den großen Vorteil, dass Sie handeln, bevor es den großen Flächenbrand gibt und Klima und Arbeit leiden.

Wichtig **Morgenrunde ≠ Übergabe**

Verwechseln Sie bitte die Morgenrunde nicht mit der regulären Übergabe in den Wohnbereichen. Der Unterschied liegt in Ihrer Betrachtungsweise. Wenn Sie jeden Kontakt bewusst als Beziehungspflege gestalten, ist jeder Kontakt Führungsarbeit. Die Gefahr ist aber, dass im täglichen Tun die fachliche Führung häufig überwiegt. Wenn Sie sich nach der Runde kurz fragen: »Weiß ich jetzt, wie es meiner WBL heute geht und was sie/ihn beschäftigt?« spüren Sie sehr deutlich, ob Ihre Konzentration auf der Person oder der fachlichen Pflegearbeit lag.

Ihnen sind 15 Minuten zu wenig? Ja, stimmt. Sie verbringen Ihren gesamten Arbeitstag mit Ihren Mitarbeitern. Sie kümmern sich um die Abläufe, die Bewohner, die Pflege, die Dokumentation und vieles mehr. Und Sie sprechen den ganzen Tag. Alles nicht falsch, aber auch nicht ganz richtig. In den 15 Minuten der Morgenrunde geht es um bewusste und aufmerksame Zeit für Ihre Mitarbeiter.

Wir alle wollen als Person gesehen werden und nicht nur in unserer Funktion. Wir sind Subjekte und keine Objekte. Je dichter der Arbeitsalltag ist, desto mehr unterliegen wir alle der Gefahr, unsere sachlichen Arbeitsaufträge zu priorisieren. Ein bewusstes Zeitfenster für die Beziehung hilft, die Beziehungsqualität im Auge zu behalten. Es geht um die Qualität der Beziehung, die in möglichst minimaler Zeit erreicht werden kann.

3.2 Nutzen Sie Besprechungen für Führungsarbeit

Besprechungen sind ein ideales Führungsinstrument in knappen Zeiten. Sie werden erstaunt sein, wie viele Themen in einer gut strukturierten Besprechung in relativer Kürze angesprochen werden können.

Natürlich gibt es auch Mitarbeitergespräche, die ein bis zwei Stunden dauern. Solche Gespräche sind hoffentlich die Ausnahme, müssen aber manchmal sein, keine Frage. Meine Vermutung bei solchen Zeitangaben ist aber, dass der rote Faden verlorengegangen ist und die Gesprächspartner das Ziel aus den Augen verloren haben.

Tipp

Schreiben Sie sich Ihr Ziel und die wesentlichen drei Themen auf eine Karte und behalten Sie die Uhr im Blick.

Manche von Ihnen werden sagen: »Mir ist das zu strukturiert. Meine Tür steht immer offen und meine Mitarbeiter können jederzeit zu mir kommen. Wir haben ein super Verhältnis.« Ich gratuliere und halte viel von dem Prinzip der »offenen Tür«. Es zeigt eine Kultur der Transparenz und der offenen Kommunikation. Es ist normal, wenn Mitarbeiter einfach zu Ihnen kommen, Fragen stellen oder Themen ansprechen. Es gibt eventuell aber zwei Nachteile, die nur Sie selbst beurteilen können:

1. Ihre Zeitstruktur leidet. Bedenken Sie, dass wer häufig unterbrochen wird, bis zu 40 Prozent seiner Leistungsfähigkeit verliert und die Fehlerhäufigkeit steigt.[15]
2. Wir brauchen stets mehrere Minuten, um uns wieder in einen komplexen Arbeitsvorgang hineinzudenken, nachdem unsere Konzentration einmal unterbrochen wurde. Die Erarbeitung eines Dienstplans ist erfordert beispielsweise Ihre ungestörte, konzentrierte Aufmerksamkeit. Unterbrechungen dürften da durchaus stören. Wenn Sie Ihr Tagespensum mit der offenen Tür schaffen, ist alles gut. Die Tür zeitweise zu schließen, dient vielleicht dem Erreichen Ihres Tagespensums ...
3. Manche Mitarbeiter sehen Sie nie. Es gibt stille und schüchterne Mitarbeiter, die eher selten oder nie aktiv den Weg zu Ihnen suchen. Diese Mitarbeiter sind aber häufig tragende Säulen, verrichten ihre Arbeit konstant und zufriedenstellend. Sie möchten Ihnen nur nicht Zeit rauben oder gar »stören«. In einer Morgenrunde werden sie von Ihnen gesehen und erhalten eine Rückmeldung von Ihnen.

Manchmal gibt es auch einfach nichts zu besprechen. Sie müssen auch nicht jeden Tag eine Besprechung ansetzen. Mein Plädoyer geht zu den kurzen, knappen und regelmäßigen Besprechungen. Sie werden sehen, dass die Gesprächskultur immer offener wird. Mitarbeiter werden von Arbeitssituationen erzählen, die Lösungen brauchen, Kollegen suchen Unterstützung. Mit regelmäßigen Besprechungen schaffen Sie eine Kultur, in der sich Ihre Mitarbeiter auch gegenseitig unterstützen. Eine Kultur, in der Sie auch Verantwortung in das Team geben können.

Ihre Mitarbeiter sagen kaum etwas in den Besprechungen? Stellen Sie mehr offene Fragen und machen Sie eine Pause. Manche Menschen brauchen manchmal etwas »Anlauf«, um in einer Gruppe zu sprechen. Haben Sie Geduld und halten Sie sich et-

---

15 Arbeitsunterbrechungen und Multitasking, Bundesanstalt für Arbeitsschutz und Arbeitsmedizin (BAuA): 11. https://www.baua.de/DE/Angebote/Publikationen/Praxis/A78.pdf

was zurück. Und fragen Sie (vielleicht Ihre Stellvertretung unter vier Augen) nach dem Grund. Es gibt immer einen Grund, wenn Mitarbeiter stumm bleiben.

Und: Verabschieden Sie sich von der Vorstellung, dass stets alle Mitarbeiter bei einer Besprechung dabei sind. Dagegen sprechen schon die Schichten, in denen gearbeitet wird, die Teilzeitkräfte, die Zeitarbeitskräfte etc. Überlegen Sie eher, wie Sie die Fehlenden mit Informationen versorgen können. Bei zehn Minuten könnten Sie die Besprechung sogar aufnehmen oder zumindest Stichworte festhalten, die weitergeleitet werden. Bei wichtigen Inhalten denken Sie über eine kurze Telefonkonferenz nach, zu der sich abwesende Mitarbeiter dazu schalten. 3

3.3 Zeitbausteine für die 2 x 30 Minuten Führung

3.3.1 30 Minuten pro Tag für Ihre Mitarbeiter

Wie Sie die 30 Minuten Führungszeit für Ihre Mitarbeiter zusammensetzen, bleibt Ihnen überlassen. Überlegen Sie, was zu Ihnen, Ihren Mitarbeitern und der Einrichtung passt.

Im Folgenden zeige ich Ihnen Zeit-Bausteine, die Sie zu Ihrem persönlichen 30 Minuten Führungsprogramm zusammenstellen können (▸ Tab. 10):

Tab. 10: Zeit-Bausteine

15-Minuten-Morgenrunde	30-Minuten-Monatsbesprechung	20-Minuten-Mitarbeitergespräch
Kleine Gesprächsrunden von max. 15 Minuten mit drei bis vier Mitarbeitern der direkten Ebene unter Ihnen: • Ebene PDL und WBL • Ebene WBL und PFK (Pflegekraft) • Ebene PFK und PHK (Pflegehilfskraft) Mit solch einer Kommunikations- und Informationsstruktur schaffen Sie Transparenz und fördern die Selbstverantwortung in Ihrer Einrichtung. Sie etablieren eine Kultur, die Mitarbeitern Wertschät-	... beim Kaffee zum Frühstück oder am Nachmittag. Eine sehr beliebte Variante, weil sie so meist in angenehmer Atmosphäre stattfindet. 1. Sammeln Sie über die Wochen Themen, die Sie in der Besprechung behandeln wollen. 2. Das können Informationen sein, die Sie weitergeben möchten oder Themen, die eine gemeinsam erarbeitete Lösung benötigen. 3. Priorisieren Sie die gesammelten Themen und hinterlegen Sie diese mit Zeiten.	Sind Ihre Mitarbeiter in sehr unterschiedlichen Arbeitsschichten, könnte das Einzelgespräch hilfreich sein. Sprechen Sie z. B. an fünf Tagen in der Woche mit fünf Mitarbeitern und sie wissen, wie es den Mitarbeitern geht und welche fachlichen Themen gerade anstehen. Die persönlichen Mitarbeitergespräche bergen insbesondere die Gefahr, die Zeit aus den Augen zu verlieren. Auf der anderen Seite entsteht mit ihnen eine ganz besondere Beziehungsqualität – Sie lernen Ihre Mitarbeiter so am besten kennen. Die Vier-Augen-Gespräche brauchen auch die klare Struktur,

<table>
<tr>
<td>zung und Interesse entgegenbringt und zur Selbstverantwortung einlädt.

Zur Synchronisation der Teamaktivitäten. Dazu eigenen sich zwei Kernfragen:
• Was ist seit der letzten Stehrunde an Positivem und Kritischen (+/- Aspekte) geschehen?
• Was ist gut gelaufen, was war problematisch?</td>
<td>4. Halten Sie Ihre Gesprächsführung straff und herzlich, behalten Sie die Uhr im Auge.</td>
<td>feste Leitfragen und einen zeitlichen Rahmen.
Die Gesprächsführung kann sich den unterschiedlichen Kommunikationsverhalten der Mitarbeiter durchaus eine Herausforderung darstellen. Es gibt Menschen die viel reden und Menschen, die sehr wenig sprechen. Beiden schenken Sie die gleiche Zeit.
Die Frage, die sich bei redseligen Mitarbeitern stellt: Darf man ein Gespräch auch unterbrechen?
– Ja, jederzeit! Sie haben die Gesprächsführung in der Hand. Sie dürfen ganz transparent argumentieren: »Ich merke, uns läuft die Zeit davon. Ich möchte gerne noch Folgendes besprechen ... Sind Sie damit einverstanden, wenn wir zum nächsten Punkt übergehen?«
Bei stillen Mitarbeitern sind es die offenen Fragen, die zum Gespräch einladen.</td>
</tr>
<tr>
<th>2-Minuten-Ampelsprache</th>
<th>Längere Besprechungen</th>
<th>Tägliche Stehrunde (max. 15 Minuten)</th>
</tr>
<tr>
<td>Rot-Gelb-Grün einführen, um einen Überblick zu erhalten. Ihre Mitarbeiter zeigen Ihnen spielerisch die heutige Befindlichkeitsfarbe und Sie haben mindestens drei Möglichkeiten zu handeln:
1. Das Thema sofort klären und Entscheidungen treffen.
2. Einen Termin zum Gespräch mit dem Mitarbeiter planen.
3. Das Thema an den Mitarbeiter zurückgeben, um eine Lösung zu suchen. Den Mitarbeiter so als Problemlöser in die Verantwortung nehmen.</td>
<td>Längere Besprechungen erfordern zwei unterschiedliche Führungskompetenzen:
1. Die Informationen anschaulich und verständlich zu präsentieren.
2. Diskussionsrunden so zu moderieren, dass in einer konstruktive Diskussion ein gutes, tragfähiges Ergebnis erzielt wird.
Gehen Sie nie ohne einen Plan oder Leitfaden in längere Besprechungen. Der Plan gibt einen roten Faden und der Besprechung eine Struktur.</td>
<td>Die Inhalte der Stehrunde sind vergleichbar mit denen der Morgenrunde. Doch warum Stehen statt Sitzen? Wenn wir stehen, fassen wir uns in der Regel kürzer. Wir fühlen und auch eher in der Aktivität und können gleich besser weiterarbeiten.</td>
</tr>
</table>

Es gibt auch Situationen, in denen all diese Möglichkeiten, täglich eine kurze Zeit mit Mitarbeitern in Kontakt zu treten, nicht realisierbar sind. Vielleicht arbeiten Sie in zwei Einrichtungen, vielleicht arbeiten Sie in Teilzeit. Vielleicht können Sie sich nicht täglich 30 Minuten Führungszeit nehmen, auch wenn dies höchst sinnvoll ist.

Dann können intensive Mitarbeitergespräche auch eine Möglichkeit sein, um über die Arbeit und über die Zufriedenheit zu reden. Das sogenannte Kooperationsgespräch auf Augenhöhe ist ein zeitintensives Gespräch von sicherlich 1½ Stunden, das ich sehr empfehle. Es sprengt den Rahmen der täglichen 30 Minuten, aber es ist pro Mitarbeiter aufs Jahr gerechnet kein hoher Zeitaufwand.

Wenn Sie für einen Mitarbeiter im Jahr 90 Minuten für ein intensives Gespräch einkalkulieren, sind dies bei 220 Arbeitstagen im Jahr pro Tag auch nur vier Minuten für diesen Mitarbeiter. Sie würden sich in der Woche Zeit ansparen, um mit jedem Mitarbeiter einmal jährlich intensiv zu sprechen. Der Ablauf eines solchen Gespräches ist im nächsten Kapitel beschrieben (▸ Kap. 4.9).

3.3.2 30 Minuten für Sie selbst – jeden Tag

Gute Führung beginnt damit, dass Sie sich selbst führen. Die Selbstfürsorge ist ein entscheidender Erfolgsfaktor und damit einher geht das gute Verständnis für sich selbst. Und das jeden Tag. Vielleicht gelingt es Ihnen, Rituale in den Tag einzubauen, die Ihnen ein gutes Gefühl und Stärke geben. Denn Sie brauchen Rückenstärke, um den stürmischen Alltag zu bewältigen. Worum kann es in den täglichen 30 Minuten gehen und was ist konkret machbar?

Sich selbst gut verstehen und mögen

Mit Verstehen ist auch das Akzeptieren gemeint. Wie bereits beschrieben (▸ Kap. 2) ist der Umgang mit sich selbst in Ihrer Führungsarbeit von großer Bedeutung. Fragen Sie sich daher:

- Mögen Sie sich gut leiden?
- Was an sich selbst mögen Sie?
- Kennen Sie Ihre Stärken und erfüllen Sie diese mit Stolz?
- Können Sie gnädig auf Ihre Schwächen schauen und sie akzeptieren?
- Lieben Sie sich so wie Sie sind?

In einer meiner Ausbildungen hatte ich das Vergnügen, mich selbst heiraten zu dürfen. In einem mehrtägigen Prozess habe ich mich auf eine Reise zu mir selbst begeben (Lover's Journey), um genau meine sehr persönlichen Stärken und Schwächen zu erkunden. Ein sehr ehrlicher Prozess, der nicht immer leicht war. Er endete mit einem versöhnlichen Abschluss. Nämlich mich selbst mit all den »Macken« und tollen Eigenschaften zu akzeptieren, mehr noch, zu lieben. Und dann den Bund für das Leben zu schließen, indem ich mich selbst heirate und mir ein Versprechen gebe. Ein Gelöbnis, treu zu mir zu sein. Das war natürlich mit einem Ritual verbunden und einem Fest in unserer Gruppe. Es klingt vielleicht seltsam, war aber sehr wirksam. Ein unvergessliches Erlebnis. Würden Sie sich selbst heiraten? Ich hoffe, ja.

Sie werden als Führungskraft Fehler machen. Diese zu verstehen und zu verzeihen mag eine Herausforderung sein, ist aber ein wichtiger Baustein zur Selbstakzeptanz und braucht immer wieder Übung. Lenken Sie Ihre Aufmerksamkeit bewusst auf das Positive.

Sich selbst führen

Sie haben in Kapitel 1 (▸ S. 10) über Ihren inneren Kompass nachgedacht. Ihre Werte geben Ihnen eine Richtschnur. Führung hat immer etwas mit einer Richtung zu tun, in die man gehen will. Wo soll es für Sie hingehen? Wie möchten Sie sich am Ende eines Arbeitstages fühlen? Was könnten Sie tun, um dies zu erreichen? Sie könnten auf Ihre Erfolge schauen, und auf die Dinge, die Sie bewirken.

Übung

Positiver Tagesrückblick*

Diese Übung eignet sich wunderbar am Abend, um den Tag zu reflektieren und gut abzuschließen. Die Aufmerksamkeit wird in Richtung positives Erleben gelenkt und fördert die Fähigkeit, Herausforderungen anzunehmen. Nehmen Sie sich fünf Minuten Zeit.
Schreiben Sie eine Woche lang täglich zwei Dinge auf:

1. Was war heute schön/positiv oder was ist heute gut gelaufen? – Dies vermehrt positive Gefühle und vermehrt die innere Stärke
2. Was habe ich dazu beigetragen? – Dies zeigt den eigenen Einfluss auf den Erfolg.

* Angelehnt an Freisler R & Greßer 2017

Sich selbst motivieren

Vielleicht kennen Sie auch das eine oder andere Mittel, um sich in Sekundenschnelle zum Lächeln zu bringen. Bilder, Gedanken, Musik, Bewegungen – alles, was Sie in eine gute Laune bringt, motiviert Sie. Diese Rituale sind wichtige Energiebringer. Ich habe dafür z. B. ein Zwei-Minuten-Video auf Youtube, das mich zum Lachen bringt. Im Rahmen eines Präsentationstrainings bin ich auf die »verrückte« Selbstdarstellung von Steve Balmer von Microsoft gestoßen. Wenn ich mich mal wieder unter

Druck fühle, schaue ich mir »Steve Balmer going crazy«[16] an. Mich befreit es, weil er sich so verrückt verhält und Grenzen überschreitet. Es verschafft mir Distanz zu meinem eigenen Tun und ich kann gelöster und lächelnd weiterarbeiten.

Sie könnten achtsam mit sich umgehen und eine Tätigkeit aus Ihrer 20-Tätigkeiten-Liste (▸ S. 52) auswählen. Lassen Sie uns einen täglichen 30-Minuten-Plan für Sie konstruieren: 3

- Sie starten den Tag mit einem Lächeln (1 Sekunde).
- Sie nehmen sich die fünf Minuten Zeit am Anfang des Arbeitstages für sich und Ihre Tagesplanung (▸ Kap. 2.1).
- Sie nutzen die Meditations-App »One Minute Meditation« (▸ S. 66) und halten zwischendurch eine Minute inne.
- Sie suchen sich aus der Liste »Energie auftanken« (▸ S. 52) eine Tätigkeit aus, die fünf Minuten dauert.
- Auf dem Heimweg hören Sie sich einen motivierenden Lieblingstitel an (ca. 4 Minuten).
- Am Ende des Tages gönnen Sie sich den positiven Tagesrückblick (15 Minuten).

Diese 30 Minuten sind Ihre 30 Minuten. Es ist die Zeit, die Sie sich im Führungsalltag für Ihr eigenes Wohlbefinden gönnen. Ob Ihre Aufteilung so, wie oben beschrieben ist, ob Sie die 30 Minuten am Stück brauchen, um zu joggen oder im Garten zu verweilen, ist Ihre Entscheidung. Das Geheimnis bleibt die bewusste Zeit für sich zu nehmen, um wieder mit sich in Einklang zu kommen. Und Hand aufs Herz: Wenn Sie jeden Tag 30 Minuten für sich nutzen werden Sie eine Veränderung spüren. Es bringt häufig mehr, sich nur jeden Tag wenige Minuten für sich selbst zu nehmen, als große Programme zu starten.

3.3.3 Was ist Führungszeit?

Kontaktzeit

Die 15 Minuten Kontaktzeit pro Tag (Morgenrunde), wie sie vorab beschrieben wurden, sind die Quelle für weitere Führungsaufgaben, für die Sie Zeit verwenden werden. Aus diesen 15 Minuten ergeben sich fachliche Aufgaben, Steuerungs- und Korrektur-Aufgaben, da die Mitarbeiter über die Geschehnisse in den Wohnbereichen berichten. Das kann die Bewohner betreffen (medizinische oder pflegerische Themen), das Personal oder die Einrichtung allgemein. Aus diesen Ereignissen entstehen Aufgaben, die Sie auch vom Schreibtisch oder per Telefon erledigen können. Unter Kontaktzeiten verstehe ich hier hingegen den persönlichen Kontakt. Natürlich kom-

[16] https://www.youtube.com/watch?v=I14b-C67EXY

munizieren und führen Sie auch telefonisch und per E-Mail. Diese Kommunikationsmedien haben aber eine andere Qualität und sind wichtige Kommunikationsmittel, wenn es effizient (kurz und knapp die Dinge auf den richtigen Punkt bringen) und effektiv (wirksam) sein soll.

Die Beziehungsqualität wird im persönlichen Kontakt tiefer. Und hier liegt die Herausforderung: Beziehungsqualität zeiteffektiv zu gestalten. Gerade in der Altenpflege sind alle Führungskräfte und Mitarbeiter sich sehr bewusst, wie wertvoll der persönliche Kontakt ist.

Diese Kontaktzeiten sind im Alltag von ganz unterschiedlichem Zeitaufwand:
- Blickkontakt
- Begrüßung
- das Vier-Augen-Gespräch
- das Teamgespräch
- das Mitarbeitergespräch

Es geht darum, diese Kontaktzeiten sinnvoll zu nutzen. Diese Zeiten so zu strukturieren und zu planen, ohne ihnen die Qualität zu nehmen.

Kommunikationsstrukturen

Alle Führungskräfte kennen die Notwendigkeit von Strukturen (Zeitstrukturen, Abläufe, Prozesse), wissen, dass es im Arbeitsleben nicht ohne geht. Strukturen erleichtern den Überblick, geben Orientierung und damit Sicherheit. Sie gewähren eine optimale Zeitinvestition. Aber sie können auch eine Bürde sein, wie zum Beispiel in der Pflege der Bewohnerr ... etwa 3 Minuten zum Zähneputzen, 5 Minuten zum Kämmen und Frisieren etc.

Manche Zeiteinheiten passen, manche lassen sich so nicht realisieren. Menschen lassen sich Gott sei Dank nicht planen. Im persönlichen Kontakt strukturiert vorzugehen, erscheint erst einmal menschenunfreundlich. Es braucht auch Übung und Geduld, um Strukturen im Gespräch als hilfreich und als Unterstützung wahrzunehmen. Ständig auf die Uhr zu schauen, wenn es um emotionale Themen geht, das will niemand. Auf der anderen Seite wissen wir auch, dass sich Arbeit genau in dem Maß ausdehnt, wie Zeit für ihre Erledigung zur Verfügung steht. Also geht es darum, ein rechtes Maß zu finden. Das rechte Maß an Kontaktzeit in der Führung bedeutet Kommunikationsstrukturen zu etablieren und mit dem Team zu erproben, die für Sie und Ihr Team richtig sind.

Das heißt: Wie oft wollen Sie geplant miteinander über die Arbeit, und die Zusammenarbeit sprechen?

Wenn ich zu schwierigen Teamsituationen gerufen werde, ist eine meiner ersten Fragen die nach der Kommunikationsstruktur. Aus meiner Erfahrung gibt es einen Zusammenhang zwischen Teamkonflikten und Kommunikationskultur. Teams, die regelmäßig im Austausch mit der Führung sind, haben gelernt, die eigenen Konflikte miteinander zu bewältigen. Sie lösen ihre Probleme miteinander, die Führungskraft moderiert manchmal nur.

So können Ihre Kommunikationsstrukturen aussehen:

- Die Morgenrunde als täglichen Kontakt – 30 Minuten.
- Wohnbereich-Übergabe als täglicher fachlicher Check – ca. 60 Minuten.
- Teamsitzungen (wöchentlich, zweiwöchentlich, monatlich) – ca. 30 Minuten.
- Mitarbeitergespräche (jährliche Leistungsbeurteilung/Mitarbeitergespräch) – ca. 30–90 Minuten.
- Team-Tag (jährlich) mit dem Ziel, die Team-Themen zu besprechen – einen Tag.

Jetzt werden Sie sagen: »Das widerspricht sich aber mit der zeitsparenden Führungsmethode. Solche Kommunikationsformen kosten Zeit! Stimmt, all das kostet Zeit. Es geht auch nicht darum, alles umzusetzen. Ein jährlicher Team-Tag wäre gut, auch wenn nur wenige Organisationen dies regelmäßig durchführen.

Es sind Vorschläge und Möglichkeiten, bitte verstehen sie Sie als solche. Jedes dieser Formate hat eine eigene Struktur, um eine effiziente Kommunikation zu gewährleisten. Es geht darum, Ihnen Zeitsouveränität zu ermöglichen. Und das erreichen Sie, indem Sie gut vorbereitet und strukturiert in Gespräche gehen.

Mitarbeitergespräche

Mitarbeitergespräche sind nicht alles – aber ohne Mitarbeitergespräche ist alles nichts – so absolut mag man die Bedeutung von Mitarbeitergesprächen durchaus bezeichnen. Mit Mitarbeitergespräch sind hier die Gespräche gemeint, die bewusst gehalten werden. Die einen bestimmten Anlass, ein Thema und ein Ziel haben. Also ein Sachthema klären und gleichzeitig für die Beziehung förderlich sein sollen, da in der persönlichen Kommunikation die Basis für Vertrauen gelegt wird, ohne die eine gute Zusammenarbeit undenkbar ist.

Da Mitarbeitergespräche auch Zeit kosten, versuchen Führungskräfte häufig, sie durch weniger zeitaufwendige Medien zu ersetzen oder sie einfach stark zu reduzieren. Organisationen wiederum haben ein großes Interesse daran, dass Führungskräfte Mitarbeitergespräche durchführen, weil sie deren Bedeutung und Wirksamkeit kennen. Auf die einzelnen Gesprächsstrukturen gehe ich im nächsten Kapitel (▸ Kap. 4.9) ein.

Mitarbeitergespräche sind kostbare Führungszeit. Gut, diese kostbare Zeit für beiderseitigen Nutzen zu gestalten.

Der Nutzen guter Mitarbeitergespräche für Führungskräfte:
- Sachthemen klären
- Mitarbeiterbedürfnisse kennenlernen
- sich nicht nur als Führungskraft, sondern selbst als Mensch zeigen
- Beziehungsqualität steigern

Der Nutzen auf der Mitarbeiterseite:
- Gehör finden
- Lösungen gemeinsam erarbeiten
- Beziehung gestalten

Empfehlungen für wirksame Mitarbeitergespräche:
- Wählen Sie einen Zeitpunkt, der den Themen und den Mitarbeitern angepasst ist.
- Informieren Sie rechtzeitig über den Zweck des Gespräches.
- Nennen Sie zu Beginn das Ziel des Gespräches.
- Versetzen Sie sich in die Situation des Mitarbeiters.
- Nehmen Sie Ihren Gesprächspartner ernst – gerade wenn Sie ihm »überlegen« sind.
- Widmen Sie Ihrem Gesprächspartner Ihre volle Aufmerksamkeit.
- Führen Sie einen Dialog, beziehen Sie Ihren Mitarbeiter in das Gespräch mit ein und achten Sie auf Ihren Redeanteil.
- Geben Sie Informationen bedarfsgerecht, immer mit dem Blick auf Ihr Gegenüber.
- Formulieren Sie das Ergebnis des Gesprächs, vor allem die Vereinbarungen.
- Bitten Sie am Ende des Gesprächs den Gesprächspartner um die abschließende Einschätzung des Gesprächs.

Erich Kästner meinte mit einem gewissen Recht: *»Es gibt nichts Gutes, außer man tut es.«* Dies gilt in besonderer Weise auch für Mitarbeitergespräche. Tauscht man lediglich schöne Worte aus und klopft sich gegenseitig auf die Schultern, ohne dass Handlungen folgen, Abgemachtes und Gesagtes umgesetzt wird und den Worten Taten folgen, leidet die Glaubwürdigkeit von Mitarbeitergesprächen sehr schnell.

Verpflichtend eingeführte Gespräche, um Führungskräfte zu Gesprächen anzuhalten, sind oft recht unbeliebt, weil sie Zeit kosten und keine ersichtliche Veränderung bringen. Häufig betrifft es die Themen Leistungsbeurteilung, Zielvereinbarungen oder Rückkehrgespräche. »Bringen wir wieder mal unsere Pflichtübung und das Blabla-Theater hinter uns – geschehen wird ja sowieso nichts ...« sind häufige Reaktionen von Mitarbeiterinnen und Mitarbeiter darauf. In dem Fall kann man genauso gut auf sie verzichten. Mehr noch: Gespräche richten dann mehr Schaden an, als dass sie wirklichen Nutzen stiften.

Phasen eines Mitarbeitergesprächs

Vorbereitung
- rechtzeitige Einladung
- Gesprächsleitfaden (bei sehr wenig Zeit: eine Zieldefinition, was Sie erreichen möchten)
- Gesprächseinstieg überlegen
- Argumente/Fragen des Mitarbeiters überlegen
- die eigene Verfassung/Einstellung überprüfen (positives Denken führt zum Erfolg)

Einstieg
- Gesprächseinstieg formulieren
- Ziele benennen, was soll nach dem Gespräch anders sein?
- eine gute Atmosphäre schaffen
- auf Körpersprache achten (keine abwehrende, distanzierende Position oder Körperhaltung)

Hauptteil (»Knigge der Gesprächsführung«)
- sachbezogene und freundliche Gesprächsführung
- dem Mitarbeiter ausreichend Gelegenheit zum Reden geben
- dem Mitarbeiter nicht ins Wort fallen
- Kritik sollte konstruktiv in der Ich-Form erfolgen und nicht mit Du-Botschaften auf die Person des Mitarbeiters zielen
- als Führungskraft auch eigenen Versäumnisse zugeben und Lösungsalternativen suchen
- bei wichtigen Punkten sollte die Führungskraft auch nachfragen, ob der Mitarbeiter richtig verstanden wurde
- Konflikte und »wunde Punkte« offen ansprechen
- Probleme nicht bewerten, sondern die Ursachen und Lösungen betrachten

Schluss
- Zusammenfassung der wesentlichen Punkte
- Welche Ziele wurden erreicht?
- Wo wurde Übereinstimmung erreicht, wo gab es unterschiedliche Auffassungen?

Nachbereitung
- Ist das Ziel erreicht?
- Was lief gut, was weniger?
- Wie war das Gesprächsklima/unsere Beziehung zueinander?
- Wie war mein Verhalten?
- Welche neuen Erkenntnisse habe ich aus dem Gespräch mitgenommen?
- Was habe in diesem Gespräch gelernt?

Professionell durchgeführte Mitarbeitergespräche zeichnen sich durch einen starken Verpflichtungscharakter aus, bei dem alle Beteiligten in die Pflicht genommen werden, also Führungskraft und Mitarbeiter. Dies gilt in besonderem Maße natürlich bei Zielvereinbarungen, Leistungs-, Förder- und Konfliktgesprächen, um nur einige Beispiele zu nennen. Um das anschließende Umsetzen des Besprochenen und den Grad der Verpflichtung sicherzustellen, gibt es konkrete Vorkehrungen und Maßnahmen:

- klare, konkrete und möglichst auch messbare Gesprächsziele
- Gesprächsziele und Erwartungen zu Beginn kommunizieren
- Zusammenfassung von Maßnahmen am Gesprächsende
- Protokollierung der Gespräche mit Terminen und Unterschriften
- Protokolle mit klaren Abmachungen: Wer macht wann was?
- Folgegespräche mit Kontrolle der erreichten oder Zwischenziele

Das verbindliche Umsetzen von Vereinbarungen erscheint zunächst sehr lästig. Aber es fördert die Nachhaltigkeit und stärkt Ihre konsequente Führungsarbeit.

4 Sechs unverzichtbare Führungsinstrumente, die Sie kennen sollten

Wenn von Führungsinstrumenten die Rede ist, denken viele Teilnehmer an Tipps und Tricks, die ihnen den Führungsalltag erleichtern sollen. Es sind aber weniger Tipps und Tricks als vielmehr Hilfestellungen und Techniken, die Sie sich aneignen können. Übrigens: Wer mit Hammer und Nägeln gut umgehen will, braucht ein wenig Übung, damit die Daumen unverletzt bleiben. Da gilt auch für die folgenden Führungsinstrumente. Sie zu kennen, ist das eine. Sie regelmäßig zu üben, ist das andere.

4.1 Ziele setzen

Führen mit Zielen ist ein altbekanntes Führungsinstrument und wird in allen Lehrbüchern als das Basis-Instrument beschrieben. Als Führungskraft ist es gut zu wissen, wo es hingehen soll. Was ist das Ziel der täglichen Arbeit, der Einrichtung und des gesamten Unternehmens? Ziele schaffen Klarheit und damit Sicherheit. Ziele zeigen den Weg und geben eine hohe Befriedigung, wenn sie erreicht werden. Wenn ein Team gemeinsam ein Ziel erarbeitet, trägt das zur Identifikation und Motivation, zur Teamzugehörigkeit bei. Wenn man in einem Mitarbeitergespräch anfangs das Ziel des Gesprächs benennt, bildet dieses Ziel den roten Faden und sichert die Fokussierung im Gespräch, sodass es nicht aus dem Ruder läuft. Jede Anweisung, jedes Arbeitsaufgabe hat ein Ziel und verfolgt einen Zweck.

Jahrzehntelang wurde das Führungsinstrument in der Managementliteratur als maßgebend beschrieben. Heute wird es unter mehreren Facetten betrachtet, vor allem wird das Instrument, wie alle Instrumente an der Wirksamkeit, d. h. am Umsetzungserfolg, gemessen. Und da sind die Ergebnisse recht unterschiedlich. In Organisationen werden Zielvereinbarungsgespräche eingesetzt, um die individuellen und unternehmerischen Ziele abzustimmen. So streben im optimalen Fall auf allen Ebenen alle Mitarbeiter in dieselbe Richtung, die Ziele sind kongruent. Diese Zielkaskade zu kennen ist sinnvoll, wenn alle Mitarbeiter einer Einrichtung wissen, wo es hingehen soll und welche Ziele das Unternehmen verfolgt.

Dann aber hat man festgestellt, dass Mitarbeiter, denen Zielvereinbarungen auferlegt wurden, die also gezwungen waren, Ziele zu formulieren, innerhalb weniger Wochen die vereinbarten Ziele vergaßen. Aufgezwungene Ziele werden schlichtweg nicht ernst genommen!

Wie Ziele formuliert sein sollen, um handlungswirksam zu werden, ist seit Jahren ein Thema in der psychologischen Forschung. Klassische Zielgespräche bergen die Gefahr, wenn sie zu sehr instrumentalisiert werden, unwirksam zu werden. Ziele brauchen unser ganzes Einverständnis, um wirksam zu werden. Sie brauchen unseren Kopf und unser Herz. Sie sollen die Kräfte konzentrieren. Und rein »vernünftige« Ziele besitzen nicht die magische Anziehungskraft, die Ziele brauchen, um sich zu realisieren. In der einseitigen, rationalen Verwendung dieses Instruments liegt ein wesentlicher Grund der mangelnden Umsetzungserfolge.[17] Wie lässt sich dieses Instrument nun schärfen? Ein schrittweises Vorgehen ist angebracht:

1. das Ziel finden (Ziel-Idee)
2. das Ziel definieren (SMART-Kategorien)
3. das kognitive Ziel
4. die emotionale Bewertung

Manche Ziele scheinen sehr »vernünftig«. Man »sollte, müsste« eigentlich-Sie kennen das. Nun setzen wir Dinge, die ausschließlich rational begründet sind einfach nicht um, wenn wir nicht auch emotional von ihnen überzeugt sind. Emotional wird ein Ziel bewertet, indem man z. B. sich den erfüllten Zustand vorstellt. Sich die Situation vorstellt, wie es aussieht oder sich anfüllt, wenn das Ziel erreicht ist. Gelingt das, gibt es noch einmal einen Schub nach vorne.

Die Zielfindung

Hinter jedem Ziel steht ein Bedürfnis und Motiv. Etwas ruft nach Klarheit, eine Richtung will gegangen werden, eine Verbesserung wartet. Man möchte etwas erreichen. Was ist es? Daraus gilt es, erst einmal eine Ziel-Idee zu entwickeln.

---

[17] Vgl. Storch M & Krause F (2017): 143 ff.

Beispiel

Die WBL Yvonne Berger* merkt, dass Informationen verfremdet und falsch weitergeleitet werden. Sie wünscht sich einen regelmäßigen Austausch mit den Mitarbeitern. Sie will die Kommunikation strukturieren, um den Informationsfluss zu gewährleisten. Die Ziel-Idee: besserer Informationsfluss. Wenn die Informationen bei allen Mitarbeitern ankämen, würde sich die Arbeit im Wohnbereich deutlich verbessern und die Kontrollergebnisse positiver ausfallen. »Wir spielen noch viel zu oft Stille Post. Was ich einmal in die Runde gebe, kommt bei den letzten Mitarbeitern ganz anders an. Das möchte ich verändern«, sagt Yvonne Berger. Das ist eine gute Ziel-Idee.

* Der Name ist frei erfunden. Jede Ähnlichkeit mit einer lebenden oder verstorbenen Person wäre rein zufällig.

Das Ziel nach SMART-Kategorien definieren

Wenn Ziele wirklich umgesetzt werden sollen, müssen sie Kriterien erfüllen. Yvonne Berger definiert ihr Ziel also spezifisch, messbar, attraktiv, realistisch und terminiert (SMART): »Ich möchte, dass alle Mitarbeiter dieselbe Information erhalten«, definiert Yvonne Berger ihr Ziel spezifisch. »Ich muss sichergehen, dass alle diese Information von mir gehört haben. Per Teilnahme oder Unterschrift kann ich das messen. Das Ziel ist attraktiv, weil die Mitarbeiter dann nicht mehr rätseln müssen, was ich eigentlich gesagt habe. Realistisch wird das Ziel, wenn ich für wichtige Informationen alle Mitarbeiter anspreche. Also eine Besprechung durchführe. Bei wichtigen Infos sogar zweimal, damit ich alle Schichten erreiche. Wenn ich dann noch ein Kurzprotokoll in die Ablagefächer lege und meine Mitarbeiter den Erhalt der Informationen auf einem Formular gegenzeichnen, bin ich auf der ganz sicheren Seite.«

Yvonne Berger versucht es mit einer klar terminierten Besprechung und schaut nach einem Termin mit hoher Anwesenheitsquote.

Das kognitive Ziel

Sie sehen, aus dem »Ich möchte das irgendwie besser machen« wird ein konkreter Handlungsplan. Im Kriterium »attraktiv« liegt die Handlungsmotivation. Die Vorstellung, dass alle Bescheid wissen, ist so erstrebenswert, dass Yvonne Berger von jetzt an regelmäßig kurze Besprechungen abhält, um alle gut zu informieren. Denn ein gut informiertes Team arbeitet effizienter und effektiver.

Das dem so ist, hat sie gelernt und kognitiv (also in einer wissentlichen, kennengelernten und verstandenen Erkenntnis) verinnerlicht.

Die emotionale Bewertung

Ein sehr vernünftiges, (kognitiv) durchdachtes Ziel. Aber ist es auch emotional reizvoll? fragt sich Yvonne Berger. Es klingt so trocken. »Ich glaube da fehlt noch der Spaßfaktor.« So nimmt sie sich vor, noch ein paar Ideen zu sammeln, die eine gute Laune in der Besprechung erzeugen. »Da gab es noch die lustige Begebenheit aus der letzten Woche ...« fällt ihr ein. »Vielleicht wäre das eine schöne Anekdote zu Beginn der Besprechung.«

4.2 Anweisungen geben

Sie kennen das vielleicht: Sie geben eine klare Anweisungen und erhalten ein Arbeitsergebnis, das in keinerlei Weise Ihren Vorstellungen entspricht ... In meinen Seminaren verteile ich gern an zwei Gruppen die gleiche Anzahl von Bauklötzen und schreibe eine klare Anweisung auf das Flipchart: »Bitte ordnen Sie die Bauklötze!« und verlasse den Raum. Da die Gruppen nicht miteinander sprechen dürfen, entstehen so gut wie immer zwei unterschiedliche Ergebnisse. Die einen ordnen die Bauklötze nach Größe, die anderen ordnen sie nach Farbe, oder die eine Gruppe bildet einen großen Holzklotz, und die andere legt farblich getrennte kleine Blöcke auf den Tisch.

Wie kommt das? Richtig, meine Anweisung ist nicht genau genug. Sollten Sie ein Ergebnis erhalten, das nicht Ihren Vorstellungen entspricht, checken Sie also Ihre Anweisung. Offensichtlich war sie weniger klar als Sie dachten!

Achten Sie bei Anweisungen auf Folgendes:
- Verdeutlichen Sie das Ziel– wie soll das Ergebnis aussehen?
- Legen Sie Schritte auf dem Weg fest und teilen Sie sie mit.
- Erläutern Sie den Sinn und Zweck der Aufgabe.
- Legen Sie den Zeitrahmen fest.
- Vereinbaren Sie Kontrollen/Überprüfungen.
- Nennen Sie Überprüfungskriterien.
- Ermöglichen Sie Nachfragen.
- Fragen Sie nach, wie jetzt vorgegangen wird. So können Sie sehen, ob Ihre Anweisung verständlich war.

4.3 Delegieren

Das Führungsinstrument Delegieren hat eine enorme Entwicklung erfahren. Es ist ein Klassiker, immer wieder thematisiert in allen Zeitmanagementseminaren, weil Führungskräfte, um Zeit zu sparen, Aufgaben abgeben sollen. Also ist es auch in unserem Kontext ein wichtiges Thema. Was heißt eigentlich Delegieren?

Definition **Delegieren**

Delegieren ist die Übergabe von Aufgaben, Kompetenzen und Verantwortung an die nachgeordnete Stelle. Sie kann einer Anweisung ähneln, reicht aber vom autoritären Anweisen bis hin zur selbstorganisierten Entscheidung eines Teams. Es gibt also mehrere Grauzonen, die das Maß des Delegierens ausmachen.

Warum erscheint das Delegieren so kompliziert? Der Grund ist einfach: Unsere Arbeitswelt hat sich stark verändert. Das Tempo ist schnell, die Aufgaben komplex und die Mitarbeiter werden immer weniger. Genau da liegt der Grund. Es ist nicht mehr ganz so einfach, Aufgaben weiterzugeben, weil die Mitarbeitenden auch gut ausgelastet sind. Es gilt also genau hinzuschauen, wer noch welche Aufgaben übernehmen kann und will.

Delegieren bedeutet auch, miteinander ins Gespräch zu kommen. Der Vorteil für Führungskräfte liegt also auf der Hand: Sie bekommen mehr Zeit, vielleicht sogar Führungszeit. Außerdem fördern und entwickeln sie ihre Mitarbeiter, wenn sie ihnen zusätzlichen Einblick durch delegierte Aufgaben übertragen. Es geht nicht mehr um ein Entweder-oder, sondern um eine Klärung, wie und in welcher Form bestimmte Aufgaben auch von Mitarbeitern übernommen werden können. Es gibt also unterschiedliche Varianten[18]:

1. Sie teilen Ihre Entscheidung mit und kommen einer »Anweisung« damit sehr nah.
2. Sie versuchen, die Aufgabe zu »verkaufen« und dem Mitarbeiter / dem Team den eigenen Nutzen zu verdeutlichen.
3. Sie fragen die Mitarbeiter / das Team im Vorfeld und holen deren Meinungen ein.
4. Sie versuchen mit den Mitarbeitern / dem Team einen Konsens zu finden und entscheiden gemeinsam.
5. Sie geben eine Empfehlung, beraten und Mitarbeiter/Team entscheiden.
6. Sie überlassen die Entscheidung dem Mitarbeiter / dem Team und erkundigen sich nach dem Ergebnis.
7. Der Mitarbeiter / das Team entscheidet autonom – auch ohne Sie zu informieren

Die unterschiedlichen Varianten der Delegation brauchen jedoch immer eine gute Vorbereitung, die die zu delegierenden Aufgaben genau beschreiben.

---

[18] Vgl. Freisler & Greßer (2017): 128 f.

Delegations-Checkliste – W-Regeln für den Delegationsauftrag

Was?

- Was ist überhaupt alles zu tun?
- Welche Teilaufgaben sind im Einzelnen zu erledigen?
- Welches Ergebnis wird angestrebt?
- Welche Abweichungen vom Soll können in Kauf genommen werden?
- Welche Schwierigkeiten sind zu erwarten?

Wer?

- Wer ist geeignet, diese Aufgabe oder Tätigkeit auszuüben?
- Ist der Betreffende verfügbar?
- Wer soll bei der Ausführung mitwirken?
- Wie muss der Betreffende gestützt oder ausgebildet werden, um die Aufgaben übernehmen zu können?

Warum?

- Welchem Zweck dient die Aufgabe oder Tätigkeit? (Motivation, Zielsetzung)
- Was passiert, wenn die Aufgabe nicht oder unvollständig ausgeübt wird?

Wie?

- Wie soll bei der Ausführung vorgegangen werden?
- Welche Verfahren sollen angewendet werden?
- Welche Vorschriften und Richtlinien sind zu beachten?
- Welche Stellen/Abteilungen sind zu informieren?
- Welche Kosten dürfen entstehen?

Womit?

- Welche Hilfsmittel sollen eingesetzt werden?
- Womit muss der Mitarbeiter, die Mitarbeiterin ausgerüstet sein?
- Welche Unterlagen/Materialien werden benötigt?

Wann?

- Wann soll/muss mit der Arbeit begonnen werden?
- Wann soll/muss die Arbeit abgeschlossen sein?
- Welche Zwischentermine sind einzuhalten?
- Wann will ich über den Fortschritt der Aufgabe vom Mitarbeiter oder von der Mitarbeiterin informiert werden?
- Wann muss ich was kontrollieren, um ggf. einzugreifen?

4.4 Kontrollieren

4

Kontrolle ist erst einmal nichts anderes als ein Soll-Ist-Abgleich. Bei einer Kontrolle kann das Ergebnis unterschiedlich sein, je nachdem, ob es zu einer Abweichung kommt.

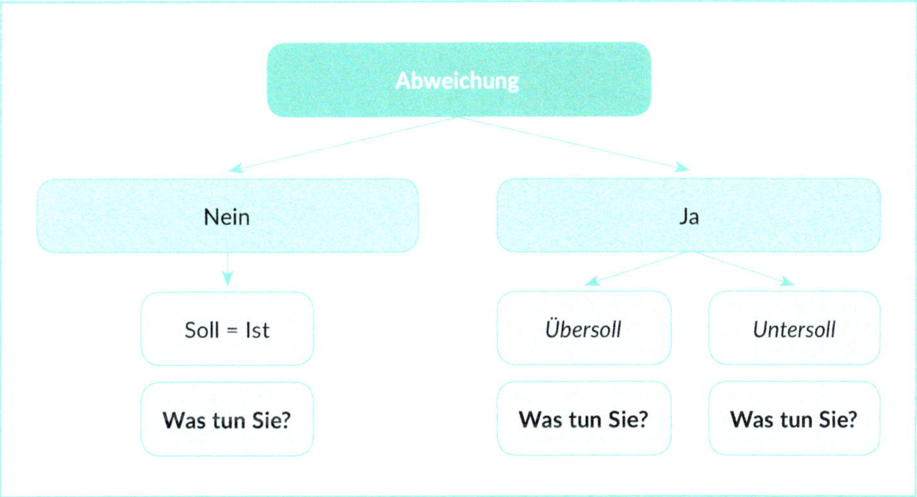

Abb. 4: Abweichung zwischen Soll und Ist.

Frage: Was tun Sie als Führungskraft, wenn es keine Abweichung gibt, der gewünschte Soll-Zustand also identisch mit dem tatsächlichen Ist-Zustand der Leistung ist? Die meisten Führungskräfte tun gar nichts. Schließlich ist die Aufgabe laut Anweisung erfüllt. Damit vergeben Sie die Chance, die geleistete Arbeit wertzuschätzen. »Konstanz ist eine Leistung«, pflegte mein erster Chef zu sagen. Ja, das ist sie und dafür gebührt ihr auch Anerkennung. Diese Anerkennung kann zum Beispiel im Rückblick, im Jahresgespräch oder am Ende des Jahres ausgesprochen werden. Bedanken Sie sich am Jahresende für die konstante, regelmäßig gute Leistung. Sie ist keine Selbstverständlichkeit.

Ist die Leistung besser als erwartet (Qualität, Quantität, Zeitaufwand) dürfen Sie sich etwas Besonderes einfallen lassen. Stellen Sie sich vor, mehrere Angehörige haben sich besonders positiv über einen Ihrer Mitarbeiter geäußert. Meist sind Angehörige in Ihrer Einrichtung zufrieden über die Pflege und Behandlung der Angehörigen, aber jetzt erhalten Sie besonders positive Rückmeldung. Dann ist eine Rückmeldung an den Mitarbeiter natürlich wichtig und eine Anerkennung. Wie diese Anerkennung aussehen kann, ist sehr unterschiedlich. Wägen Sie ab: können Sie evtl. ein kleines Geschenk machen? Ob es materiell oder immateriell ist hängt von der Einrichtung und Teamklima ab. Ich kenne Beispiele von Gutscheinen, Schokolade, Blumen bis hin zu freien Stunden. Alles muss ins Team passen und zu den Mitarbeitern. Wichtig ist, dass Sie die besondere Leistung würdigen.

Liegt die Leistung unter dem erwarteten Soll, geht es im Gespräch darum, die Ursache mit dem Mitarbeiter gemeinsam zu erkunden. Es geht nicht darum, Fehler aufzudecken, sondern sich und das Team weiterzuentwickeln. Kontrolle dient der Optimierung und dem Wachstum. Wenn Sie das in Ihrer Führungsarbeit als Basiskultur etablieren können, werden Sie reichlich belohnt. Zum einen werden Sie selbst jede Kontrolle als eine Wachstumsmöglichkeit sehen. Zum anderen ist es eine Chance uns zu optimieren. Keinesfalls sollte es die gefürchtete Kontrolle sein, die Ihre Mitarbeiter in Angst und Schrecken versetzt!

Kontrolle ist oft negativ besetzt, weil wir uns mehr Vertrauen wünschen und uns vor Strafen fürchten. Die Angst vor Kontrolle ist vielen Mitarbeitern leider mitgegeben. Hier können Sie im wahrsten Sinne des Wortes Entwicklungsarbeit betreiben.

Das sage ich wohlwissend, dass die Kontrollen durch das TQM-System oder den MDK in der Pflege sehr respektierte Instanzen sind. Es geht aber immer um das Wohl der Bewohner, also um eine positive Entwicklung und Unterstützung. Auch der MDK arbeitet schließlich mit Empfehlungen!

4.5 Informieren

Wir leben in einer Welt des Overflows, was Informationen betrifft. Gleichzeitig fühlen sich Mitarbeiter häufig nicht informiert genug. Aber informieren kostet Zeit. Da es in diesem Buch genau um das Thema geht, hier die Empfehlungen in knappen Zeiten gut zu informieren:

- Strukturieren Sie die Informationen, indem Sie alle Informationen erst einmal sammeln und dann auswählen. Es lebe das Trichter Modell!
- Vermeiden Sie es, nur einzelne Mitarbeiter zu informieren. Zu hoffen, dass die Informationen richtig weitergeleitet werden, ist immer noch ein weit verbreiteter Irrtum. Obwohl wir alle das »Stille-Post-Spiel« kennen, glauben viele Führungskräfte immer noch an die arbeitssparenden Weiterleitungen. Es liegt nicht an den Mitarbeitern, sondern am menschlichen Gehirn. Wir können gar nicht anders, als zu interpretieren, hinzuzufügen und uns unseren Teil zu denken.
- Versuchen Sie so viele Mitarbeiter wie möglich gleichzeitig zu informieren. Das spart Zeit und sichert das Verstehen. Mitarbeiter können nachfragen und Sie sehen in den Gesichtern, ob alles verstanden wurde. Sie können steuern, indem Sie ergänzen, erläutern und zu Fragen ermuntern.
- Lassen Sie sichtbar eine Uhr laufen. Gut strukturierte Besprechungen, um Mitarbeiter zu informieren, brauchen nicht länger als zehn Minuten. Versuchen Sie es einmal: Tägliche kurze Info-Runden etwa bei der Übergabe oder zu Schichtbeginn funktionieren hervorragend auch im Stehen.

Abb. 5: Das Trichter-Modell

4

- Bitten Sie Ihre Mitarbeiter mitzuschreiben. Jeder kann einen kleinen Block, ein Heft haben, um die wichtigsten Informationen aufzuschreiben. Auch hier spielt uns unser Gehirn gerne einen Streich. 30 Minuten nach einer Besprechung haben wir meist die Hälfte des Gesagten wieder vergessen. Wir behalten Informationen aber gut, wenn wir sie aufschreiben und wiederholen. Und wenn die Informationen »interessant« verpackt sind. So empfehle ich immer die Zahlen, Daten und Fakten zu visualisieren. Dann können Ihre Mitarbeiter sie wesentlich leichter behalten. Schreiben Sie die Themen der Besprechung als Agenda auf ein Flip Chart, so weiß jeder, über welches Thema Sie gerade sprechen. Zeigen Sie Bilder über Pflegesituationen (evtl. Youtube-Videos), bringen Sie Dokumentationsbeispiele mit.
- Wiederholen: Bitten Sie nicht einen Mitarbeiter, das Gesagte noch einmal zusammenzufassen. Tun Sie das selbst am der Ende Info-Runde. Vielleicht fragen Sie auch einmal in die Runde, was jetzt der nächste wichtigste Schritt ist.
- Kurze Besprechungen während des Schichtbetriebes sind schwierig. Schauen sich den Personaleinsatzplan an. Welche Zeitfenster sind optimal, um sich kurz zu besprechen?

4.6 Informieren per E-Mails

Besprechungen sind natürlich nicht der einzige Informationsweg. Sie können Ihre Mitarbeiter auch via E-Mail erreichen. E-Mails sind hinsichtlich ihrer Geschwindigkeit unschlagbar. Sie ermöglichen uns heute sogar die weltweite Kommunikation innerhalb von Sekunden. E-Mails sind für viele Menschen das Kommunikationsmedium Nummer Eins.

Daher sind sie natürlich auch ein gern verwendetes Informationsmedium. Gleichzeitig jedoch sind E-Mails eine der größten Quellen für Unterbrechungen, Ineffizienz und Zeitverschwendung. Das muss nicht sein. Mit wenigen Kniffen kann dem abgeholfen werden. Ich habe einen Vorschlag für E-Mail-Regeln, die Sie im Team besprechen und vereinbaren können. Nehmen Sie gern als Anregungen, wie man das Medium effizient und effektiv nutzen kann.

Tipps für den richtigen Umgang mit E-Mails

1. Schreiben Sie immer einen Betreff. Der Betreff soll die E-Mail inhaltlich konkret zusammenfassen (»Sitzung am 29.1.09 möglich?«) und nicht nur beschreiben (»Terminvorschlag«).
2. Lesen Sie die E-Mail am Schluss durch und beseitigen Sie alle Rechtschreibfehler.
3. Benutzen Sie das »Kopie An:«-Feld so selten wie möglich. Wenn Sie es schon benutzen, dann erklären Sie jedem Empfänger explizit, weshalb er die E-Mail erhält, und was er damit tun soll.
4. Kennzeichnen Sie eine E-Mail nie als wichtig. Das glaubt Ihnen sowieso niemand.
5. Schreiben Sie keine Massenmails.
6. Der Posteingang ist keine To-Do-Liste, sondern ein Eingangsort. Benutzen Sie ihn auch als solchen und leeren Sie ihn regelmäßig vollständig. Vollständig heißt: ganz leer.
7. Sie sollten haargenau wissen, weshalb Sie eine E-Mail schreiben und ob eine E-Mail wirklich das beste Mittel für Ihre Botschaft ist. Ist ein Telefonat vielleicht sogar besser?
8. Bonus-Gebot: Löschen ist die Standardaktion. Sie ist auf jede beliebige E-Mail anwendbar.

4.7 Informationen ablegen

4.7.1 Ablagefach

Für jeden Mitarbeiter ein eigenes Ablagefach, in dem alle Informationen verteilt werden, ist immer noch ein Klassiker. Hier kann man auch Gegenstände hineinlegen oder kleine Notizen hinterlassen. Nicht immer haben alle Pflegekräfte einen Zugang zum PC, da sind Ablagefächer eine gute Alternative. Wichtig hierbei ist es, eine Sicherheit zu bekommen, dass die Informationen gelesen werden. Eine einfache Möglichkeit wäre, die Information aus der Ablage zu nehmen, wenn sie gelesen oder verarbeitet ist. Überquellende Ablagefächer zeigen dann den Info-Stau und die Mitarbeiter können gezielt angesprochen werden.

4.7.2 Informations-Ordner

Ein Ordner, in dem die wichtigsten Infos für alle abgeheftet werden, sind auch vielfach eine gute Informationsmöglichkeit Ihrer Mitarbeiter. Diese unterschreiben mit ihrem Kürzel, dass sie die Information gelesen haben.

4.8 Informieren per WhatsApp™-Gruppe

WhatsApp™ spielt eine zentrale Rolle, wenn es um die moderne Kommunikation geht. Auch immer mehr Kollegen nutzen die App, um sich auszutauschen und abseits des Arbeitsplatzes in Kontakt zu treten. Die App kann sehr nützlich sein, um schnelle Informationen auszutauschen. Doch Vorsicht: Auch hier sollten klare Regeln und Abgrenzung zwischen Nutzen und Risiko bestehen.

Die wichtigste Frage hierbei ist: Was ist der Sinn dieser Gruppenunterhaltung? Soll sie wirklich ausschließlich für berufliche Zwecke genutzt werden oder ist sie als Werkzeug der Gruppendynamik zu verstehen? Je genauer die Funktion der Gruppe definiert wurde, desto besser. Die Versuchung, in der App auch die private Grenze zu überschreiten, ist groß. WhatsApp™ ist und bleibt ein privates Medium. Es werden Nachrichten aufs private Handy der Mitarbeiter geschickt und das ist von arbeitsrechtlicher Relevanz:

- Werden die Arbeitszeiten mit dem Schicken von Nachrichten eingehalten? Mitarbeiter, die um 18:00 Uhr Feierabend haben, sollen nicht abends noch zwei Stunden mit WhatsApp™-Nachrichten der Kollegen über Einsatzpläne diskutieren.
- Haben die Mitarbeiter ihr Einverständnis gegeben, dass ihre private Telefonnummer genutzt wird?
- Haben alle Mitarbeiter überhaupt Smartphones, um die App-Nachrichten zu erhalten?

Überhaupt kommt der Datenschutz mit ins Spiel. Private Daten aller Mitarbeiter hat das Unternehmen zu schützen. Dienstliche Daten (z. B. Informationen zu Bewohnern) unterstehen der Datenschutzverordnung und die sieht klare Regeln für Unternehmen vor.

Wir sehen, es ist nur scheinbar ein ideales Informationsmedium. Wichtig: Klären Sie den Gebrauch von Nachrichten-Apps mit Ihrer Unternehmensleitung und den Mitarbeitern sorgfältig rechtlich ab.

Meine Empfehlung: Haben Sie keine Diensthandys und klare Regeln mit Ihrer Unternehmensleitung und den Mitarbeitern vereinbart – Hände weg von WhatsApp™.

4.9 Mitarbeitergespräche führen

Die Kommunikation von Mensch zu Mensch macht unsere Beziehungen aus. Im Gespräch miteinander werden wir gesehen und wahrgenommen – als Mensch und nicht als Objekt, das Aufgaben erfüllt und eine Leistung erbringt. In der Kommunikation finden Motivation, Nähe, Wertschätzung, auch Herausforderung und Konflikte statt. Nur über das Gespräch miteinander klären wir Dinge und vergewissern uns.

Gespräche haben einen Sach- und einen Beziehungsaspekt. Das gute Ausbalancieren zwischen den Ebenen ist die Kunst. Ein Gespräch, das zu sachlich geführt wird, erreicht das Herz der Mitarbeiter und damit die motivationale Seite nicht. Ein Gespräch, das zu beziehungsorientiert geführt wird, verliert Zeit und ändert womöglich die Situation nicht, die den Grund für das Gespräch darstellte. Die Kunst der guten Balance lässt sich lernen. Letztlich ist es ein lebenslanges Üben. Daher stellen Mitarbeitergespräche ein wichtiges – um nicht zu sagen unverzichtbares Führungsinstrument – dar, das im Mittelpunkt der Mitarbeiter- und Unternehmenskommunikation steht. In Einrichtungen, in denen es neben der Betreuung und Pflege der Bewohnerinnen und Bewohner auch um das Erreichen von Zielen, das Erbringen von Leistungen, Weiterentwicklung und Motivationsförderung aller Mitarbeitenden geht, ist es permanente Führungsaufgabe, mit den Mitarbeitern zu sprechen. Mit Mitarbeitergesprächen sind die Gespräche gemeint, die jenseits der Routine im Alltag zu einem bestimmten Anlass und mit einem bestimmten Ziel gehalten werden. Das Spektrum der Themen und Ziele, der Aufgaben ist äußerst breit und anspruchsvoll, was die Gespräche einerseits oft schwierig gestaltet, andererseits aber umso notwendiger und unverzichtbarer macht.

Führungskräfte verfügen meist über ein feines Sensorium, beobachten und reagieren, wenn Veränderungen und Signale bei Mitarbeitern und Teams auftreten, die geklärt und besprochen werden sollten. Doch die Zeit für ein Gespräch fehlt ebenso oft. Umso wichtiger ist es, diese Gespräche zeiteffektiv zu führen.

Mitarbeitergespräche werden entweder aus gegebenem Anlass oder periodisch wiederkehrend geführt und erfordern in jedem Fall eine gute Vorbereitung, ein geeignetes Training und entsprechende Erfahrung und Sozialkompetenzen. Führungskräfte mit viel Erfahrung sind da eindeutig im Vorteil. Aber auch diese empfinden schwierige Gespräche immer wieder als eine Herausforderung. Daher können solche Gespräche gar nicht oft genug geübt werden. Hier ein paar wesentliche Fakten, die zu einem guten Gespräch gehören:

Führungskräfte wie Mitarbeiter müssen ausführlich über Ziele und Ablauf der Gespräche informieren und informiert sein. Dabei sollte für jedermann im Unternehmen klar erkennbar sein, dass auch die Leitungsebene größten Wert auf Mitarbeitergespräche legt und die Gesprächskultur auch selbst praktiziert.

Folgendes ist zu beachten:

- Die Gesprächsziele und Erwartungen sind zu Beginn kommuniziert. (Warum führen wir das Gespräch? Was soll mit dem Gespräch erreicht werden?)
- Das Vereinbaren von klaren, konkreten und möglichst auch messbaren Gesprächszielen. (Was können wir als Ziel für die Zukunft festhalten? Das wäre dann das Ergebnis des Gesprächs mit Ausblick auf die Zukunft.)
- Eine Zusammenfassung von Maßnahmen am Gesprächsende (»Dann fasse ich mal zusammen, was zu tun ist ...«)
- Protokoll mit klaren »Wer macht wann was«-Abmachungen.
- Die besprochenen Maßnahmen sind terminiert und delegiert.
- Folgegesprächen sind mit Kontrolle der Zielerreichung festgehalten (»Wir sehen uns wieder am ...«)

Diese Klarheit in der Verbindlichkeit kann nur mit einem hohen Maß an Einfühlungsvermögen in ein erfolgreiches Gespräch münden. Die Gesprächspartner mitzunehmen ist die hohe Kunst beim Führen von Mitarbeitergesprächen.

4.9.1 Warum Mitarbeitergespräche?

Es gibt zahlreiche Arten, Anlässe, Themen und Formate von Mitarbeitergesprächen. Einige der bedeutendsten und in der Praxis am häufigsten angewendeten Gespräche stelle ich nachfolgend vor. Dabei ist sinnvollerweise zu unterscheiden, welche Gespräche institutionalisiert (regelmäßig und protokolliert) stattfinden sollen und dadurch ein kontinuierlich eingesetztes, vom Unternehmen gefordertes Führungsinstrument sind, wie beispielsweise Leistungsbeurteilungen, Förder- oder Zielvereinbarungsgespräche. Ferner gibt es Gespräche, die durch äußere Ereignisse ausgelöst und spontan stattfinden können, wie z. B. Kritik- oder Anerkennungsgespräche und solche, in denen es um persönliche Themen/Befindlichkeiten geht (wenn Sie z. B. den Eindruck haben, dass sich eine Mitarbeiterin im Team unwohl fühlt).

4.9.2 Balance und Ausgewogenheit der Gesprächsanlässe

Ein weiterer wichtiger Punkt: Die gute Balance zwischen negativen, eher unerfreulichen und positiven, motivierenden Gesprächen mit erfreulichen Gründen sollte unbedingt gegeben sein. Wenn Mitarbeitergespräche immer nur dann stattfinden, wenn Probleme auftauchen, Ziele nicht erreicht werden oder Leistungen ungenügend sind, bekommen sie schnell ein negatives Image und erzeugen Frustration, Angst und Nervosität. Da reicht dann das »Frau Schulz, kommen Sie doch bitte mal in mein Büro«, um die Mitarbeiterin in psychischen und physischen Stress zu versetzen. Die Wahrscheinlichkeit, dass unter solchen Voraussetzungen gute Lösungen gemeinsam erarbeitete werden, ist höchst gering.

Positive Gespräche mit konstruktiven Anlässen und Themen machen das Führungsinstrument »Mitarbeitergespräche« wirksam und führen weiter. Es gibt sogar Untersuchungen, dass negative Erlebnisse fünf- bis achtmal stärker in Erinnerungen bleiben und belasten als positive. Negative, belastende Gespräche brennen sich tief in unser Gedächtnis ein. Wir erinnern uns häufig nach sehr vielen Jahren noch daran. Die positiven Gespräche verblassen sehr häufig recht schnell. Betrachten wir die Evolution, also unserer hirnphysiologische Entwicklung, macht das sogar Sinn, denn wir mussten uns vor Gefahren hüten. Wir sind also besonders sensibilisiert, wenn es um negative, uns bedrohende Inhalte geht.

Für Führungskräfte bedeutet das natürlich eine Kehrtwendung in ihren Mitarbeitergesprächen. Diese sollten also in erster Linie Positives zum Thema haben. Was ich leider in meinen Seminaren wenig spüre. Die größte Anfrage geht von Teilnehmenden in die Richtung Kritikgespräche. »Wie führe ich Kritikgespräche, ohne dass es weh tut?«

Das ist schwierig, denn als Führungskraft möchten Sie ja, dass sich etwas verändert, was zuvor nicht gut gelaufen ist. Etwas Negatives in etwas Positives zu verändern, ohne das Negative anzusprechen, hieße, alles nur schön zu reden. Auch dieses Verhalten kenne ich nur zu gut. Es wird so viel um die negative Botschaft herum geredet, dass letztlich gar nicht mehr klar ist, worum es eigentlich geht. Was sollte die Mitarbeiterin oder der Mitarbeiter jetzt eigentlich erkennen und anders machen und warum? Sie kommen also nicht drum herum, die Dinge beim Namen zu nennen. Und genau da liegt der Lösungsweg.

Es geht um die sachlichen Themen (ES) (▸ Abb. 6), die von der Person getrennt benannt werden. Diese sachlichen Themen verlangen eine verständliche und nachvollziehbare Sprache. Hier brauchen die Führungskräfte wohlüberlegte Argumente und Begründungen. Die Person, die ein nicht akzeptables Verhalten, eine »schlechte« Leistung gezeigt hat, wird als Person immer wertzuschätzen sein. Als Person ist sie

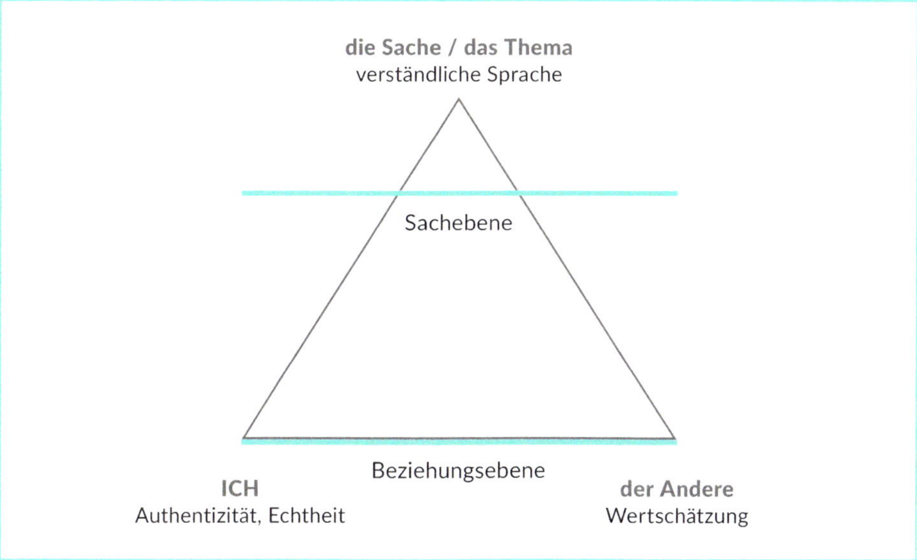

Abb. 6: Ziele und Ebenen der Kommunikation, angelehnt an das Kommunikationsquadrat von Friedemann Schulz von Thun.[18]

unantastbar, es ist ihr Verhalten, dass sich zu ändern hat. Der Person selbst gebührt Wertschätzung.

Als Gesprächsführer/in (ICH) sind Sie in Ihrer Glaubwürdigkeit gefragt. Nicht immer fallen Ihnen die Gespräche leicht. In Ihrer Rolle als Führungskraft erfüllen Sie für Ihre Einrichtung eine Aufgabe, eine Funktion. Nicht immer ist diese Aufgabe deckungsgleich mit Ihrer privaten Meinung. Eine glaubwürdige Haltung einzunehmen bedarf auch der inneren Einkehr. »Wie kann ich so wirken, wie es mir und meiner Auffassung entspricht? Was kann/soll/darf ich zu mir und meiner Einstellung sagen? Wie geht es mir mit dem zu besprechenden Thema?« Diese Fragen sollten Sie vor dem Gespräch klären.

Wir alle kennen Menschen, die sprechen, ohne das Gesprochene zu meinen oder zu fühlen. Wir alle haben eine gute Antenne für Inkongruenz. Um im Einklang mit sich selbst ins Gespräch zu gehen, gönnen Sie sich zwei Minuten innere Einkehr. Und ein paar Minuten der Vorbereitung

Authentisch sein, hinter dem Thema stehen, die Wichtigkeit des Themas zeigen. Vielfach müssen Führungskräfte Gespräche führen und stehen nicht hinter dem Thema. Diese inneren Konflikte, wenn es z. B. um Trennung von Mitarbeitern geht,

[19] Vgl. a. Seifert JW (2018): Konfliktmoderation. Ein Leitfaden zur Konfliktklärung. Gabal Verlag, Offenbach: 16

Sachinhalt

- Welche Themen will ich ansprechen? In welcher Reihenfolge?
- Wie ist der Sachverhalt?
- Welche Argumente und Beispiele habe ich?

Selbstaussage

- Wie erlebe ich die Situation?
- Wie sind meine Gefühle und Bedürfnisse?
- Was davon möchte ich wie mitteilen?

Handout zur Gesprächsvorbereitung

Appell

- Was ist mein Gesprächsziel?
- Was will ich minimal/ maximal erreichen?
- Welche Wünsche und Forderungen habe ich?

Beziehung

- Wie kann ich ein positives Klima schaffen?
- Wie sieht der/die andere die Situation?
- Wie kann ich das Gespräch positiv abschließen?

Abb. 7: Handout zur Gesprächsvorbereitung.

eine strategische Entscheidung der Geschäftsführung zu kommunizieren ist, bringen Führungskräfte schnell in einen Konflikt mit ihrem eigenen Rollenverständnis. Sie müssen wohlbedachte Worte wählen, ohne sich aus der Verantwortung zu stehlen.

Dem Gesprächspartner alle Wertschätzung gegenüber zu zeigen trotz möglicher Fehlleistung, erfordert vor dem Gespräch eine innere Konzentration. Je schwieriger das Gespräch, desto gründlicher sollte die Vorbereitung sein. Die Balance zu halten gelingt durch die Vorbereitung und innere Einstellung. Friedemann Schulz von Thun hat uns mit seinem Kommunikationsquadrat nicht nur ein treffliches Analyse- und Reflexionsmodell geschenkt, sondern auch ein gutes Handout zur Vorbereitung von Gesprächen.

Ein solches Handout in der Schublade ermöglicht auch bei spontanen Gesprächen in ein bis zwei Minuten des Innehaltens eine mentale und strukturierte Gesprächsführung. Sicherlich bedarf es der Übung:

Halten Sie sich vor jedem Gespräch kurz das Ziel vor Augen: Was möchte ich erreichen? Welche Argumente habe ich? Wie ist die Sachlage? Welches Klima will ich im

Gespräch halten? Gibt es etwas, was ich von mir mitteilen will? Freue ich mich, bin ich besorgt oder womöglich ärgerlich?

Wir sprechen in beruflichen Kontext nicht häufig über unsere Gefühle, obwohl sie natürlich maßgeblichen Einfluss auf uns und unsere Arbeit haben. Sie haben ein Recht auf Ihre Gefühle und es ist Ihre Aufgabe mit ihnen angemessen vor Mitarbeitern umzugehen. Die cholerische PDL, der sanftmütige WBL – Mitarbeiter nehmen Stellung zu Gefühlsäußerungen der eigenen Führungskraft. Nicht zu viel und nicht zu wenig, auf das richtige Maß kommt es an. Wenn Sie sich unsicher sind, bitten Sie einfach um ein Feedback.

Seien Sie sich bewusst: Die Art und Weise, wie Sie Mitarbeitergespräche führen, ist Ausdruck der Kommunikationskultur Ihrer Einrichtung, der Führungspolitik und Ihres Mitarbeiterverständnisses. Ihre Mitarbeitenden erkennen das sehr schnell. Wo Kontrolle, Kritik und Disziplin übermäßig stark im Vordergrund stehen und damit Mitarbeitergesprächsanlässe sind, ist klar, welche Mentalität vorherrscht. Wird die Aufmerksamkeit aber primär auf die Anerkennung, auf Zielvereinbarungen und Fördergesprächen gelegt – um nur einige konkrete Beispiele zu nennen –, ist ebenso klar, welches Mitarbeiterverständnis in einer solchen, diese Aspekte betonenden Organisation besteht. Letztlich können wir Mitarbeitergespräche in verschiedenen Stufen, d. h. Steigerungen einordnen, von den angenehmen bis gravierenden Anlässen (▸ Tab. 11).

Tab. 11: Einordnung von Mitarbeitergesprächen

Inhalt des Gespräches	Wie oft?	Bemerkung
Anerkennungsgespräche	so oft wie möglich	Die meisten Führungskräfte sind defizitorientiert. Sie sehen nicht, was alles geleistet wird. Und das ist schade, denn in der Altenpflege wird extrem viel geleistet. In der Struktur entsprechen die Anerkennungsgespräche denen der Kritikgespräche. Also möglichst konkrete Beispiele nennen, keine Verallgemeinerungen.
Feedback-Gespräche • Was war die Situation? (objektive Ebene) • Wie hat sie gewirkt? (subjektive Ebene) • Was soll anders werden? (zukünftige Ebene)	wann immer Ihnen etwas auffällt	Letztlich sind die meisten Mitarbeitergespräche Feedbackgespräche. Führungskräfte sind immer eingeladen, ihren Mitarbeitern Feedback zu geben, positiv wie auch negativ.

Inhalt des Gespräches	Wie oft?	Bemerkung
Coaching-Gespräche Leitfragen nach der RAFAEL-Methode: • **R**eport: Wie hast du die Situation erlebt? • **A**lternative: Was würdest du das nächste Mal anders machen? • **F**eedback: Ich habe dich so erlebt … • **A**ustausch: Welche Dinge sehen wir unterschiedlich? • **E**rarbeiten von Lösungen: Was kann eine Lösung sein? • **L**ösungsschritte vereinbaren: Was ist als nächstes zu tun?	ein partnerschaftliches, auf Augenhöhe ausgerichtetes Feedback	Ein Coaching-Ansatz lädt den Mitarbeiter ein, selbst auf eine Lösung zu kommen. Die Zurückhaltung der Führungskraft, das gekonnte Fragen, führt Mitarbeiter in die eigene Lösungsverantwortung.
Motivationsgesprächee	Bei Bedarf, wenn Sie den Eindruck haben, da »klemmt« etwas	Es geht darum, etwas, das behindert, aus dem Weg zu räumen. Vielleicht gab es früher eine gute Leistung, ein ganz anderes Verhalten, das sich verändert hat. Der Tenor des Gesprächs ist: »Was ist passiert, ich kenne Dich/Sie anders …«
Korrektur- oder Kritikgespräche Möglicher Ablauf: • Begrüßung • Nennung des Fehlverhaltens • Stellungnahme des Mitarbeiters • Ursachen und Auswirkungen des Fehlverhaltens • Lösungen • Vereinbarung des künftigen Verhaltens	bei Bedarf, wenn das Verhalten oder die Arbeitsleistung eine Korrektur benötigt	Es ist darauf zu achten, dass auf alle Fälle ein Dialog stattfindet und auch die Mitarbeiterperspektive ihren Platz hat. Die Lösung und die Verhaltensänderung liegt in der Verantwortung der Mitarbeiter und sollte auch von ihnen kommen. Hier sind offene Fragen hilfreich. Beispiel: »Was werden Sie tun, damit das nicht mehr vorkommt?«
Konfliktgespräche	im Notfall, wenn gar nichts mehr geht	Holen Sie sich Unterstützung der nächst höheren Ebene. Konfliktgespräche haben schon eine recht hohe Eskalationsstufe erreicht und können Sanktionen zur Folge haben. Diese müssen wohl überlegt und abgesprochen sein.

Inhalt des Gespräches	Wie oft?	Bemerkung
Partnerschaftliches Kooperationsgespräch (▶ Anhang 1, S. 111) Themen sind: • die Aufgabe (Was ist es genau und wie ist die Zufriedenheit?) • die Zusammenarbeit (mit mir als Führungskraft, den Kollegen, dem Umfeld) • die Vereinbarkeit von Beruf und Familie	jährlich	Miteinander über die Aufgaben, die Zufriedenheit, die Zusammenarbeit und auch die Vereinbarkeit von Beruf und Privatleben zu sprechen erhöht das Verständnis für die Mitarbeiter und damit die Motivation. Ich kenne kein Gespräch, das höhere Beziehungsqualität fördert. Es geht darum, den Mitarbeiter zu verstehen und auch ein Feedback zur eigenen Führungsarbeit zu bekommen.

Leistungs-Anerkennungsgespräche

Die Führungspolitik und die Motivation gehören zu den wichtigsten Voraussetzungen eines leistungsfähigen Unternehmens mit zufriedenen Mitarbeitern. Anerkennung und Wertschätzung von Leistungen und Verhaltensweisen sind ebenfalls ein Kernelement erfolgreicher Motivation und Führung. Es ist der »geistige Sauerstoff« für Mitarbeiterinnen und Mitarbeiter überhaupt. Menschen wollen wissen, wie ihre Arbeit gesehen wird und sie wollen »gute« Arbeit vollbringen. Mit dieser Grundhaltung (diesem Menschenbild) ist der Tenor der Leistungs- und Anerkennungsgespräche konstruktiv.

Feedbackgespräche

Diese etwas allgemein gehaltene Gesprächsbezeichnung wird in der Praxis oft unterschiedlich definiert und gehandhabt. Für die einen beinhaltet das Feedbackgespräch Zielvereinbarungen, für die anderen sind es Leistungs- und Anerkennungsgespräche. Im Kern geht es darum, wie der Begriff Feedback nahelegt, dass Vorgesetzter und Mitarbeiter zusammensitzen, um über Geleistetes zu reden und die Möglichkeit zu nutzen, beidseitig Rückmeldung zu geben über die verschiedenen Aspekte von Leistung und Zusammenarbeit.

Empfehlenswert ist eine schriftliche Vorbereitung, in der man das vergangene Jahr Revue passieren lässt und dadurch Geschehenes intensiver reflektiert. Da können unterschiedlichste Fragen wie die folgenden beantwortet werden:

- Was ist meine Rolle?
- Was motiviert, was demotiviert bei der Arbeit?
- Was wurde geleistet und welches sind die Resultate?
- Was ist gut, was kann verbessert werden?
- Wie wirke ich auf Bewohner, Angehörige und Kollegen?

Für einen nachhaltigen Erfolg des Gesprächs ist es wichtig, dass der Feedbacknehmer aktiv in das Gespräch eingebunden ist. Der Vorgesetzte sollte den Mitarbeiter über die Arbeit reflektieren lassen, wodurch der Mitarbeiter das Gespräch als persönliche Wertschätzung erlebt, und erkennt, dass er Arbeit, Leistung und Beziehung aktiv mitgestalten kann und daran seitens des Vorgesetzten ein echtes Interesse besteht.

Beurteilungsgespräche

Dieses Gespräch findet normalerweise zwischen den direkten Vorgesetzten und Mitarbeitenden statt. Es beurteilt Leistung und Verhalten aufgrund von Zielerreichungen, Aufgaben und Resultaten und hat zum Ziel, durch geeignete Maßnahmen die Leistungs- und Arbeitsqualität in einem gegenseitigen und partnerschaftlichen Gespräch zu optimieren. Der Fokus liegt dabei nicht nur auf der Vergangenheitsbetrachtung, sondern auf der Auseinandersetzung mit der Zukunft und deren Erfordernissen.

Wichtig ist bei diesen Gesprächen, ein bis zwei Mal pro Jahr Zwischengespräche bzw. Standortgespräche zu führen, bei denen Mitarbeiter wissen, wo sie stehen, welches die Erwartungen sind und welche Ziele aus welchen Gründen nicht oder noch nicht erreicht werden konnten. So sind unterjährige Korrekturmaßnahmen möglich, die Gespräche laufen entspannter ab und es entstehen weniger Frustrationen oder gar »Hammerschläge«, wenn unerwartet größere Probleme zur Sprache kommen müssen.

Kritik- oder Korrekturgespräche (▸ Anhang 2, S. 114)

In einer Kritik muss erläutert werden, was weshalb in welcher Situation nicht den Erwartungen entsprach. Pauschale Kritik wie »Sie haben bei dieser Aufgabe völlig versagt« bewirkt nichts und lässt den Kritisierten mit Unsicherheiten, offenen Fragen und Ungewissheit zurück. Die Basis einer Kritik müssen Respekt und Glaube an die Kompetenz des Mitarbeitenden sein und das sollte auch kommuniziert werden. Beispiel: »Sie waren bei diesem Gespräch mit den Angehörigen aus den genannten Gründen leider nicht überzeugend. Ich weiß aber, dass Sie Gespräche sonst sehr argumentationsstark, selbstsicher und mit viel Fachkompetenz führen.«

Kritik darf nur der Sache, nie der Person gelten, was eine wichtige Voraussetzung ist. Als Führungskraft wollen Sie Verhalten verändern, wenn es nicht zielführend ist. Sie wollen nie eine Persönlichkeit verändern. Werden Fähigkeiten und Kompetenzen in Frage gestellt und die persönlichen Schwächen als Grund genannt, wirkt diese Form von Kritik verletzend und führt zur fatalen Meinung des Mitarbeitenden, der Arbeit in diesem Fall ja sowieso nicht gewachsen zu sein. Die verheerende Folge sind Demotivation und Dienst nach Vorschrift.

Delegationsgespräche

Beim Delegationsgespräch überträgt man bestimmte Aufgaben oder Verantwortungen im ganz konkreten Zusammenhang an Mitarbeiterinnen und Mitarbeiter. Kerninformationen sind dabei:

- In welchem Gesamtzusammenhang steht die Aufgabe?
- Was wird vom Mitarbeiter wie bis wann erwartet?
- Woran soll der Erfolg seines Engagements gemessen werden?

Delegationsgespräche haben klare Vorteile für beide Seiten: Reduktion der Arbeitsbelastung, mehr Zeit für Führungsaufgaben, Freiräume der Mitarbeiter für selbstständiges Arbeiten und Herausforderungen und Chancen, sich mit Übernahme von Verantwortung weiter zu entwickeln. Delegationsgespräche sind immer auch Gelegenheiten für konkrete Leistungs-Anerkennungen.

Teamgespräche

Teamgespräche sind angebracht, wenn der Anlass oder das Thema das gesamte Team betrifft oder wenn Ideen, Meinungen und Ansichten ausgetauscht werden sollen. Auch bei Konflikten sind Teamgespräche, kombiniert mit Einzelgesprächen, empfehlenswert. Dabei sollte ein klares Ziel formuliert und das Thema des Gesprächs beschrieben werden. Teamsitzungen sollten vor allem mit Fragen geführt und moderiert werden. Fragen Sie die Teilnehmer nach ihren Meinungen und Erfahrungen. Stellen Sie offene Fragen und fragen Sie so konkret wie möglich. Wichtig ist auch, sich konsequent zu bemühen, die Perspektive der anderen so wiederzugeben, wie diese verstanden wird.

Damit erreichen Sie, dass alle Teammitglieder sich ernst genommen und verstanden fühlen und dass Sie in der Gruppe immer wieder ein gemeinsames Verständnis über die besprochenen Inhalte erzielen. Teamgespräche sind vor allem erfolgreich und konstruktiv durch:

- Konsensfindung und Aktivierung aller Teammitglieder
- Auseinanderhalten gemeinsamer und unterschiedlicher Interessen und Standpunkte
- Lösungsorientierung und Anerkennung von Ideen, Meinungen

Aktuelle-Themen-Gespräch

Solche Gespräche können für Abwechslung sorgen und Routine vermeiden helfen, wenn sie sich zuweilen auch überraschenden, unkonventionellen Themen widmen oder ihr Thema vom Team oder von Mitarbeitern gewählt wird. Gespräche mit freier oder spontaner Themenwahl eröffnen neue Perspektiven, sind »Pulsfühlungen«, die erkennen lassen, welches die Bedürfnisse der Mitarbeiter sind und »wo der Schuh drückt«. Sie geben Führungskräften die Gelegenheit, zukunftsrelevante, über den Tellerrand des Berufsalltages hinausgehende Themen zu besprechen, wie Weiterbildung, Verbesserungsideen und ähnliches. Einige Themenbeispiele, die für solche Frei-Themen-Gespräche vorgeschlagen werden können, sind:

- Beschwerde: Wo drückt der Schuh, was stört zurzeit?
- Teamspirit: Ideen für bessere Zusammenarbeit und Teamgeist
- Innovation: Heute sind verrückte Querdenker-Ideen gefragt
- Vorgesetzten-Feedback: Welche Wünsche/Erwartungen bestehen?
- Arbeitszeiten: Neue Arbeitszeitmodelle, Wünsche/Vorstellungen

5 Das System im Blick behalten oder: Zeit, Plan und Erfolg

Liebe Leserinnen und Leser, Sie haben in vier Kapiteln Anregungen, Ideen und Vorschläge erhalten, wie Sie Ihre Führungsarbeit gestalten können und sich dabei selbst im Blick behalten. Führung ist, wie schon erwähnt, kontextabhängig. Ihre Arbeit lässt sich nicht losgelöst vom Umfeld der Altenpflege betrachten. Im letzten Kapitel möchte ich daher den Blick noch einmal auf das Ganze richten, auf das Umfeld, in dem Sie als Führungskraft in der Altenpflege stehen.

Ihre Führungsarbeit steht in Zusammenhang mit der Pflegesituation unserer Gesellschaft. Sie sind ein Teil des Systems »Pflege in Deutschland«. Der Zustand dieses System beeinflusst Ihre Arbeit und im System Altenpflege kriselt es.

Zurzeit bestimmen vier Aspekte die Pflegesituation:
1. die demografische Entwicklung
2. die personelle Situation in der Pflege
3. die Vergütung
4. die zunehmende Digitalisierung

5.1 Demografische Entwicklung

»In den nächsten 20 Jahren wird die Zahl der pflegebedürftigen Menschen auf 4 Millionen ansteigen. Das bedeutet, dass wir 44 Prozent mehr Pflegekräfte brauchen, um diese Menschen zu versorgen … unsere Pflegekräfte arbeiten am Limit«, sagte Elisabeth Scharfenberg, Mitglied im Aufsichtsrat eines Diakonisches Werkes mit Pflegeeinrichtungen und ehemalige Sprecherin für Pflege- und Altenpolitik der Bundestagsfraktion Bündnis 90/Die Grünen im November 2018.[20]

[20] Korian Insider vom 28.11.2018

Fazit **Der Bedarf steigt**

Wir werden weit mehr zu pflegende Menschen sein und noch mehr Pflegekräfte brauchen, um diese Menschen professionell und liebevoll zu betreuen. Unsere älter werdende Gesellschaft wird immer größeren Bedarf anmelden, was Dienstleistungen aller Art für das Alter betrifft.

5.2 Personalsituation

»Die Personalnot ist so groß, dass es sich Arbeitgeber gar nicht leisten können, Mitarbeiter schlecht zu behandeln. Auf 100 freie Stellen (in der Altenpflege) kommen deutschlandweit im Schnitt 21 Bewerber. Und es werden ja gar nicht alle offene Stellen gemeldet.«[21] Das fordert Sie als Führungskraft, eine gute und starke Mitarbeiter-Bindung aufzubauen und die Beziehungsqualität weiter zu festigen. Darin sind Sie als Pflegekraft Profi. Darin sind Sie auch als Führungskraft Profi. Das gelingt Ihnen. Sie zeigen es in Ihrer sozialen Kompetenz, die Sie Ihren Bewohnern gegenüber sowieso mitbringen. Seien Sie sich da gewiss.

Die Herausforderung liegt eher in der vermeintlich geringen Fehlertoleranz im Alltagsverhalten, die mir auch Teilnehmer berichten. »Wenn ich mal zu scharf formuliere, dann ...« Ein falsches Wort, eine zu scharf formulierte Kritik, eine wachsende Unzufriedenheit bei Mitarbeitern und es besteht die Gefahr, dass Mitarbeiter sich zurückziehen und womöglich kündigen.

Andere Einrichtungen werben mit hohen »Willkommensgeldern« Mitarbeiter ab. Das heißt, die Aufmerksamkeit auf die Kommunikation bzw. Führung wird sich verstärken. Mitarbeiter machen ihr Bleiben vom Umgang mit ihnen abhängig. Fühle ich mich als Mitarbeiter in einer Einrichtung nicht wohl, schaue ich mich um nach einer anderen.

Die Kraft der Bindung bestimmen Sie. Nicht in der Führungszeit, aber in der Qualität der Beziehung. Und das ist gut so. Der fachlichen Professionalisierung wird die Professionalisierung in der Beziehungs- und Bindungsarbeit gleich zu setzen sein. Eine gute Führung wird Mitarbeiter binden und eine schlechte Führung wird sie verlieren. Die Reflexion und Arbeit an der eigenen Führungskompetenz lohnt sich also.

[21] Kristine Lütke, Leiterin eines Pflegeheims, Linkedin Artikel: »Roboter in der Pflege halte ich für eine große Chance«

Es gibt in diesen drei Aspekten der Altenpflege keine kurzfristigen Lösungen. Der aktuelle politische Lösungsvorschlag von 13.000 refinanzierten Stellen in der Altenpflege klingt gut, wird aber an der Umsetzung schwierig sein, weil es die Personen schlichtweg nicht gibt. Die personelle Situation zu verbessern braucht Zeit.

5.3 Vergütung

»Viel zu wenig für das was wir leisten«, sagt die junge examinierte Pflegefachkraft im Rheinland[22]. Bei einem Gehalt von 1500,- € netto im Schnitt sei das auch der Grund, warum so wenig in eine Pflege Ausbildung gehen. Für junge Fachkräfte ist es wenig reizvoll in die Ausbildung zu gehen, für die erfahrenen Kräfte mit einem durchschnittlichen Bruttogehalt von ca. 2500,- €, je nach Betrieb, Belegung und Bundesland, nimmt der Reiz nicht unbedingt zu.[23] Vielleicht ist auch das ein Grund, warum im Pflegebereich auch so wenige Männer zu finden sind.[24] 5

Da die Gehälter zwischen den Pflegeeinrichtungen und den Kostenträgern im Pflegesatz verhandelt werden und die Leistungen aus der Pflegeversicherung begrenzt sind, ist das Finanzierungssystem der Pflege noch ein ungelöstes Problem.

Darf man mit der Pflege Geld verdienen?

Ein sehr emotional belegtes Thema. Liest man vom »großen« Geld, das Aktiengesellschaften mit dem Aufkauf und Betreiben von Einrichtungen verdienen, so komme auch ich ans Zweifeln. Die Pflege wird zunehmend ein lukratives Geschäft für Geldanleger. Ausländische Investoren kaufen Pflegeeinrichtungen und legen Geld in eine zukunftssichere Geldanlage.[25] Einrichtungen müssen rentabel sein und möglichst Gewinne erwirtschaften. Bei dem Maß und bei dem Zweck kommen einem Bedenken, ob man diesem Trend folgen soll. Allerdings: Jedes Unternehmen muss rentabel wirtschaften. Auch soziale oder caritative Einrichtungen müssen Erträge erwirtschaften, um zu überleben. Die große Befürchtung ist, dass die Menschlichkeit dabei auf der Strecke bleibt. Werden Bewohner nicht womöglich als reine Kostenfaktoren gesehen?

Es gibt einen gesellschaftlichen Auftrag in der Altenpflege. Wir haben zu entscheiden, wie wir mit unserem Älter-Werden in der Gesellschaft umgehen, wie wir Senioren ein würdevolles Altern ermöglichen können. Letztlich sorgen wir damit für unsere eigene Zukunft, denn wir werden zwangsläufig in die Situation kommen, nicht mehr allein für uns selbst sorgen zu können. Da sind Konzepte gefragt, die finanziell trag-

[22] Viele Pfleger sind psychisch am Ende. Rheinische Post v. 25.04.2018: 2
[23] http://www.score-personal.de/altenpfleger-Gehalt
[24] Männer, ab in die Pflege! Essay in der SZ vom 16./17. 09.2018
[25] SZ Nr. 70, 24.+25. 3. 2018

fähig sind. Für diese Konzepte brauchen wir finanzielle Ressourcen. Es braucht Anstrengungen von allen Seiten. Multilateral. Vom Staat, den Träger und letztlich auch von uns Bürger, um die Pflege zukunftssicher zu gestalten. Ja, man darf Geld verdienen mit der Pflege, wir brauchen es dringend zweckgebunden für neue Konzepte. Wir brauchen es, um eine ethisch fundierte Versorgung der älteren Bürger unseres Staates zu gewährleisten. Darin sollten Gewinne investiert werden.

5.4 Digitalisierung

Während eines Seminars lernte ich Zora kennen. Zora ist ein Roboter, der in der Sozialen Betreuung eingesetzt wird.[26] Ein überaus musikalisch tänzerisches Wesen, das mich durch seine filigranen Bewegungsmöglichkeiten nachhaltig beeindruckte. Ein Roboter, der sicherlich noch mehr Möglichkeiten bietet als nur Unterhaltung und Bewegungsanimation. Roboter werden eine große Hilfe im Alltag darstellen. *»Roboter in der Pflege halte ich für eine große Chance. Nicht unbedingt zum Waschen, aber etwa, um Getränke zu reichen, den Tisch zu decken, das Bett zu machen.«*[27]

Die Digitalisierung kann in der Pflege eher als Segen gesehen werden. Die zunehmende Digitalisierung wird vielleicht sogar eine Erleichterung im Alltag darstellen, um die eigentlichen Pflegeaufgaben konzentriert erfüllen zu können.

»Ich erhoffe mir Vieles von der Digitalisierung ... Eine elektronische Patientenakte oder Medikamentenpläne sind naheliegend und extrem hilfreich. Oder ein Pflegepflaster, was Rückmeldung gibt über Bewegungen von bettlägerigen Menschen, um Wundliegen zu vermeiden. ... Themen, wo man Technologien nutzen kann, um bestimmte Aufgaben auszulagern.«[28] Aufgaben auslagern, um die Konzentration auf den menschlichen Umgang zu stärken. In der sozialen Interaktion wird vermutlich eines Tages der Schwerpunkt der Pflege liegen, denn die kann niemand ersetzen. Die Zuwendung, die persönliche Interaktion als Herz der Altenpflege zu bewahren, darum geht es.

5.5 Zusammenhänge sehen

Warum zeichne ich diese, Ihnen bekannte betrübliche Landschaft? Nicht, weil ich Sie noch weiter frustrieren will. Sondern, weil es wichtig ist, hinzuschauen. Hinzuschauen, um Ihre persönlichen Handlungsspielräume zu nutzen. In Ihrem Führungsalltag heißt das, sich auf für Sie Wesentliches zu konzentrieren und sich möglicherweise

[26] https://www.hessenschau.de/tv-sendung/roboter-zora-hilft-im-heim.video-74742.html
[27] Lütke, S. 5
[28] Ebd., S. 4

von einem Perfektionismus zu verabschieden, der in dieser Situation nicht funktionieren kann und krank macht. Mit Perfektionismus meine ich nicht das Bemühen, Ihr Bestes zu geben und eine gute Arbeit zu leisten, sondern einen Anspruch zu erfüllen, der von außen an Sie herangetragen wird, Perfektion als ein »was werden die anderen denken?« statt »was ist für mich und die Situation richtig und gut?«

Von außen herangetragene Perfektion ist die »Ich bin nicht gut genug«-Gefahr und damit wird Perfektion toxisch. Um diese Gefahren zu erkennen, braucht es einen Blick auf die gesamte Landschaft und auf die Kräfte, die an Ihnen da ziehen. Mit dem Blick merken Sie sehr deutlich, dass Sie es nicht allen recht machen können und gut für sich sorgen müssen. 5

Der Blick auf die Pflegelandschaft ist auch ein Beobachten der Entwicklung, die stetig stattfindet. Es gibt Innovationen auf dem Markt, kreative Ideen entstehen, spannende Möglichkeiten zeichnen sich ab. Diese Veränderungen wahrzunehmen und zu verfolgen, wie sich die Pflege Landschaft ändert, kann Mut machen und Ihrem Führungsalltag mehr Raum geben. Zum Beispiel bringen junge Start-ups mit Pflegeprofis digitale Innovationen auf den Weg[29] oder interdisziplinär zusammengesetzte Kolloquium diskutieren konkret den Einsatz von Pflegerobotern und Aspekte der Künstlichen Intelligenz.

Mit der Zeit, wahrscheinlich eher mittel bis langfristig, können Sie sich darauf einstellen, Unterstützung und Beistand zu bekommen, weil Veränderungen eingeleitet werden müssen.

Das ist eine Prognose, die sich auf die Pflege-Landschaft bezieht. Sie entlässt Sie nicht aus Ihrer Eigenverantwortung, denn auch Sie dürfen tätig werden. Es gibt für Sie Folgendes zu tun:

1. Entwickeln Sie eine Strategie, um nicht auf eine Entwicklung von außen zu warten.
2. Nehmen Sie Einfluss, um die Ihnen zur Verfügung stehenden Möglichkeiten zu nutzen.

5.5.1 Netzwerken

»Wie gut ist es, zu spüren, dass ich nicht allein bin ...« ist eine immer wieder geäußerte Meinung in meinen Seminaren. »Es tut gut, zu hören, dass es nicht nur mir so geht.« Stimmt, Sie sind nicht allein. Über eine Million Menschen[30] arbeiten in Pflegeheimen und ambulanten Pflegediensten. Alle haben mit den gleichen Anforderungen

[29] KORIAN News, 6.12.2018
[30] Statistisches Bundesamt, Personal in Pflegeeinrichtungen, 16.1.2017

zu kämpfen. Meist glaubt man, dass es die anderen viel besser geregelt bekommen, dass Kollegen es irgendwie leichter haben. Dem ist nicht so. Und darin liegt eine nicht zu unterschätzende Chance. Nutzen Sie diese Chance, indem Sie sich austauschen, wann immer es möglich ist,

- zu Ihrer mentalen Entlastung,
- um Ideen und Tipps zur praktischen Erleichterung auszutauschen und
- um Einfluss zu nehmen.

Wo immer Sie Kontaktmöglichkeiten sehen, nutzen Sie Beziehungen und bilden Sie eine Art persönliches Netzwerk, falls Sie nicht schon längst eines haben. Netzwerke müssen nicht fest organisiert und institutionalisiert sein. Das kostet Zeit und ist Arbeit. Aber mit Menschen in Verbindung zu sein, die die gleichen Ziele verfolgen, die gleiche berufliche Einstellung habe, kann sehr anregend sein. Einige sind vielleicht schon dort, wo Sie noch hinwollen. Mentoren können eine große Unterstützung für Sie sein.

5.5.2 Einfluss nehmen

Nach getaner Arbeit werden Sie sicherlich keine großen Kapazitäten mehr für aufwendige Aktivitäten frei setzen können. Ich mag Sie dennoch ermutigen sich einmal vorzustellen, wo Sie vielleicht eine Möglichkeit haben, Ihre Stimme zu platzieren.

- Vielleicht haben Sie Spaß oder sind neugierig, was Start-ups so an neuen Ideen auf den Weg bringen. Kommentieren Sie neuen Ideen, vielleicht kurz über soziale Netzwerke?
- Vielleicht schauen Sie nach Verbänden, die Ihnen nützliche Hilfestellung anbieten. Nutzen Sie sie.
- Vielleicht treffen Sie sich mit Kollegen in Ihrer Region und erhalten neue Ideen für Ihre Einrichtung oder Ihren Alltag. Setzen Sie sie um.
- Vielleicht können Sie sich zum Thema Pflege einer politischen Richtung anfreunden? Alle Parteien haben Fachgremien und brauchen kompetentes Knowhow. Melden Sie sich.
- Vielleicht ist Ihre Einrichtung eingebettet in einen größeren Konzern? Nutzen Sie Ihr Mitspracherecht. Berichten Sie von den realen Situationen. Verbinden Sie die Leitung an Ihrer Alltagssituation, da wo es keine Verbindung gibt.

Wir haben immer Möglichkeiten, im Kleinen und Großen Einfluss zu nehmen. Wir müssen sie nur nutzen!

Anhang 1: Kooperatives Mitarbeitergespräch

Die Kernpunkte des kooperativen Mitarbeitergesprächs sind:
Gespräch auf Augenhöhe, Regelmäßigkeit, Mitarbeiterorientierung, wechselseitige Rückmeldung, Vertraulichkeit, Verbindlichkeit, Zukunftsorientierung, Zielorientierung

Vorbereitung

organisatorisch:
- Termin abstimmen
- Zeit reservieren
- Raum festlegen
- Störungen ausschließen

inhaltlich:
- Unterlagen zur Vorbereitung durchsehen
- Gesprächsziele und Gesprächsinhalte überlegen
- Ablauf des Gesprächs vorplanen

zeitlich:
- Empfehlung: ein Drittel der Gesprächsdauer zurückblickend und zwei Drittel vorausblickend sprechen.

Eröffnung

Verdeutlichen der Gesprächsziele:
»Das Gespräch soll Anlass sein, ein Resümee über die vergangenen Monate, über die Aufgabenerledigung und die Zusammenarbeit zu ziehen sowie die Ziele für die nächsten Monate gemeinsam festzulegen.«

Festlegung des Gesprächsablaufs:
»Ich schlage vor, wir schauen uns zuerst einmal die Aufgaben an. Danach sprechen wir über die Zusammenarbeit.«

Absicherung:
»Sind Sie damit einverstanden?«

Aufgaben und Arbeitsabläufe

Blick zurück:
- Beschreibung der wichtigsten Aufgaben und Arbeitsziele des vergangenen Jahres
- Beschreibung von besonderen Ereignissen, die die Arbeit beeinflusst haben
- Bewertung der erzielten Resultate nach Umfang und Qualität
- Bewertung der Arbeitseffizienz, des Verhältnisses von Aufwand und Ertrag

Blick nach vorn:
- »Welche Ziele müssen/wollen wir/ich als Vorgesetzte im kommenden Jahr erreichen?«
- »Welche Ziele lassen sich daraus für Sie als MitarbeiterIn ableiten?
- »Welche Veränderungen (inhaltlich, strukturell, personell) lassen sich bereits absehen?«
- »Welche Folgen lassen sich daraus schon für Sie als MitarbeiterIn absehen?«
- »Welche Verfahren, Arbeitsabläufe lassen sich optimieren?«
- Auch Fragen zur Gestaltung des Arbeitsplatzes, der Ausstattung mit Arbeitsmitteln, der Arbeitsorganisation, der Arbeitsteilung werden in diesem Abschnitt erörtert.

Zusammenarbeit und Führung	**Die Führungskraft erhält Rückmeldung zu Themen wie:** • Sind Vorgaben und Vereinbarungen klar und deutlich? • Werden Entscheidungen nachvollziehbar begründet und rechtzeitig getroffen? • Erhalten MitarbeiterInnen ausreichende Informationen zur Erledigung ihrer Aufgaben? • Wie viel eigene Entscheidungs- und Gestaltungsspielraum haben MitarbeiterInnen bei ihrer Arbeit? Ist dieser angemessen, zu groß oder zu klein? • Wie vertritt die/der Vorgesetzte/r die Anliegen der Mitarbeiter nach oben bzw. nach außen? • Werden Anerkennung und Kritik zeitnah und in annehmbarer Form geäußert? • Steht die/der Vorgesetzte/r für fachliche und persönliche Beratung von MitarbeiterInnen? **MitarbeiterInnen erhalten vom Vorgesetzten Rückmeldungen zu Fragen und Aspekten wie:** • Wie zufrieden ist der/die Vorgesetzte mit der Zuarbeit des Mitarbeiters / der Mitarbeiterin? • Wie zufrieden ist der/die Vorgesetzte mit der Einhaltung von vereinbarten Terminen und Fristen durch die/den Mitarbeiter? • Kann der/die MitarbeiterIn Kritik akzeptieren und umsetzen? • Wie funktioniert die rechtzeitige Informationsweitergabe »von unten nach oben«, z. B. bei auftretenden Problemen? • Wie bewertet die/der Vorgesetzte/r die Loyalität der/des MitarbeiterIn?
Zusammenarbeit mit Dritten	**Fragen und Aspekte der Zusammenarbeit innerhalb des eigenen Wohnbereiches/der Einrichtung:** • Wie funktioniert die gegenseitige Information und Vertretung? • Wie steht es mit der gegenseitigen Unterstützung bei Belastungssituationen und Problemen? • Wie zufrieden sind die Beteiligten mit Klima und Umgangsformen in der Gruppe? • Wie wird der/die MitarbeiterIn in der Gruppe akzeptiert, wie gut ist er/sie in der Gruppe eingebunden? • Wird die Arbeitsbelastung jedes einzelnen Mitarbeiters als angemessen und fair angesehen? • Welche Konflikte gab oder gibt es in der Gruppe und wie wird damit umgegangen? **Fragen und Aspekte des eigenen Wohnbereichs / der Einrichtung und externen Partnern:** • Wie bewertet man selbst die Zusammenarbeit mit anderen Bereichen (Verwaltung/Küche/Ärzte/Soziale Betreuung)? • Welche direkten Rückmeldungen gibt es von deren Seite? • Was wollen die Beteiligten tun, um die Zusammenarbeit mit einzelnen Personen oder Stellen noch zu verbessern?

Berufliche und persönliche Arbeitszufriedenheit

- Verfügt der/die MitarbeiterIn über ausreichende Kenntnisse und Fertigkeiten für die aktuelle Aufgabe?
- Auf welche zukünftigen Aufgaben sollte er/sie sich bereits heute vorbereiten?
- Wie wird die derzeitige Belastung des Mitarbeiters eingeschätzt?
- Ist sichergestellt, dass Über- und Unterforderung vermieden wird?
- Was genau gefällt dem/der Mitarbeiterlin an der derzeitigen Tätigkeit und was weniger?
- Welche Notwendigkeiten zur Qualifikationsanpassung ergeben sich aus den übergeordneten Zielen?
- Gibt es mittel- oder langfristige berufliche Ziele des Mitarbeiters?
- Auf welchem Gebiet möchte der/die MitarbeiterIn etwas dazulernen?

Vereinbarkeit von Familie und Beruf

Häufig werde ich gefragt, ob man als Führungskraft über den persönlichen Familienbereich der Mitarbeiter sprechen darf. Dies ist sicherlich eine Gratwanderung. Stellen Sie die Freiwilligkeit der Antworten sicher. Hier sind Beispiele möglicher Fragen.

- »Wie geht es Ihnen mit dem Thema Vereinbarkeit von Familie und Beruf?«
- »Wie vereinbaren Sie Familie und Beruf?«
- »Wo legen Sie Ihre Prioritäten bezüglich Familie und Beruf und inwieweit können wir Sie unterstützen?«
- »Wie stark belastet Sie die Doppelfunktion?«
- »Wie geht Ihre Familie damit um?«

Anhang 2: Kritik- bzw. Korrekturgespräch

Phase	Was gehört dazu?
Vorbereitung und Einladung	• Wer, was, wann, warum und wo? • Daten und Texte zur Vorbereitung bereithalten und kommunizieren.
Warm-Up und Transparenz	• Begrüßung • Wer sitzt wo? • Kaffee, Wasser etc. bereitstellen • Positive Gesprächseröffnung wählen, allerdings sachbezogen und nicht als persönliches Kompliment kommunizieren.
Nennung des Fehlverhaltens	Mitarbeiterin oder Mitarbeiter mit der festgestellten Abweichung konfrontieren.
Stellungnahme der Mitarbeiter	Führungskraft erfährt Gründe für die Abweichung ▶ Ist die Begründung akzeptabel: Kritikgespräch beenden! ▶ Ist die Begründung inakzeptabel: Lösungen finden.
Besprechung der Ursachen und Auswirkungen	Fragen: Wie ist es zu der Abweichung gekommen? Wie wirkt sich die Abweichung aus auf: • Arbeitsabläufe, • Arbeitsergebnisse, • Kollegen, • Bewohner, • Angehörige? • Zusammenarbeit mit Vorgesetzten?
Vereinbarung des künftigen Verhaltens	Ziel: Verhaltensänderung! • Mitarbeiter findet Lösung zur Verhaltensänderung. • Führungskraft bietet ggfs. Unterstützung und Hilfestellung an. • Konsequenzen und Sanktionen werden erläutert. • Kontrollen werden angekündigt. • Zusammenfassung des Gesprächs erfolgt.
Nachbereitung	Waren Sie mit sich und Ihrer Gesprächsführung zufrieden? Was hat gut geklappt, was nicht? Was verändern Sie beim nächsten Mal?

Literatur

Baus L (2010): E-Mail-Flut statt Büffeljagd. Das Anti-Stress-Buch für Vielbeschäftigte. Gabal Verlag, Offenbach.

Braig W, Wille R (2011): Mitarbeitergespräche. Orell Füssli Verlag, Zürich.

Crisand E, Raab G (2010): Psychologie der Gesprächsführung. Edition Windmühle, Hamburg.

Crisand E, Raab G (2012): Das Mitarbeitergespräch als Führungsinstrument. Edition Windmühle, Hamburg.

Frankl V (2018): »...trotzdem Ja zum Leben sagen. Ein Psychologe erlebt das Konzentrationslager. Penguin Verlag Random House.

Freisler R & Greßer K (2017): Leadership-Kompetenz Selbstregulation. Im komplexen und agilen Umfeld als Führungskraft selbstwirksam handeln und Vorbild sein. managerSeminare Verlags GmbH, Bonn.

Gabrisch J (2014): Die Besten im Gespräch. Leitfaden für erfolgreiche Mitarbeitergespräche. Personalwirtschaft. Luchterhand Verlag, München.

Groth A (2013): Führungsstark in alle Richtungen: 360-Grad-Leadership für das mittlere Management. Campus Verlag, Frankfurt.

Guise S(2015): Viel besser als gute Vorsätze: wie Sie mit Mini-Gewohnheiten Maxi-Erfolge erleben.

Kreggenfeld U (2015): Direkt im Dialog. Professionelle Gesprächsführung in Unternehmen und Organisationen. managerSeminare Verlags GmbH, Bonn.

Langer I, Schulz von Thun F, Tausch R (2015): Sich verständlich ausdrücken. Ernst Reinhardt Verlag, München.

Mentzel W, Grotzfeld S, Haub C (2017): Mitarbeitergespräche erfolgreich führen. Haufe Lexware, Freiburg.

Micheli M de (2017): Leitfaden für erfolgreiche Mitarbeitergespräche und Mitarbeiterbeurteilungen. Praxium Verlag, Zürich.

Nussbaum C (2017): Organisieren Sie noch oder leben Sie schon? Zeitmanagement für kreative Chaoten. Campus Verlag, Frankfurt.

Pircher-Friedrich AM (2018): Mit Sinn zum nachhaltigen Erfolg: Anleitung zur werte- und wertorientierten Führung. Erich Schmidt Verlag, Berlin.

Schulz von Thun F & Thomann C (2004): Klärungshilfe 2: Konflikte im Beruf: Methoden und Modelle klärender Gespräche. rororo Verlag, Hamburg.

Seifert JW (2018): Konfliktmoderation. Ein Leitfaden zur Konfliktklärung. Gabal Verlag, Offenbach.

Seiwert L & Gay F (2016): Das 1 x 1 der Persönlichkeit: Mehr Menschenkenntnis und Erfolg mit dem persolog®-Modell. Gräfe und Unzer Verlag, München.

Steiger T, Lippmann E (Hrsg.) (2013): Handbuch Angewandte Psychologie für Führungskräfte. Springer-Verlag, Berlin, Heidelberg.

Stöwe C, Keromosemito L (2004): Führen ohne Hierarchie. Gabler Verlag (Springer Gabler), Heidelberg.

Storch M (2016): Mein ICH-Gewicht. Wie das Unbewusste hilft, das richtige Gewicht zu finden. Herder Verlag, Freiburg.

Storch M (2016): Machen Sie doch, was Sie wollen! Wie ein Strudelwurm den Weg zu Zufriedenheit und Freiheit zeigt. Hogrefe Verlag, Göttingen.

Storch M (2017): Lieben Sie doch, wie Sie wollen! Mit dem Strudelwurm auf dem Weg ins Beziehungsglück. Hogrefe Verlag, Göttingen.

Storch M & Krause F (2017): Selbstmanagement – ressourcenorientiert: Grundlagen und Trainingsmanual für die Arbeit mit dem Zürcher Ressourcen Modell (ZRM). Hogrefe Verlag, Göttingen.

Thomann Ch, Schulz von Thun F (2004): Klärungshilfe 2: Konflikte im Beruf. rororo Verlag, Hamburg.

Weisbach CR, Sonne-Neubacher P (2015): Professionelle Gesprächsführung: Ein praxisnahes Lese- und Übungsbuch. Dtv Verlag, München

Werner G (o. J.): Schlüsselmomente. Das Geheimnis innovativer Führung. DVD. Concadora Verlag, Stuttgart.

Register